不要赞美下属

ほめるのをやめよう
リーダーシップの誤解

[日] 岸见一郎 —— 著
杨玲 —— 译

机械工业出版社
CHINA MACHINE PRESS

图书在版编目（CIP）数据

不要赞美下属 /（日）岸见一郎著；杨玲译 . —北京：机械工业出版社，2023.4
ISBN 978-7-111-72578-7

Ⅰ.①不… Ⅱ.①岸…②杨… Ⅲ.①领导学 Ⅳ.①C933

中国国家版本馆CIP数据核字（2023）第023556号

北京市版权局著作权合同登记 图字：01-2022-3929号。

HOMERUNO WO YAMEYO written by Ichiro Kishimi.
Copyright © 2020 by Ichiro Kishimi. All rights reserved.
Originally published in Japan by Nikkei Business Publications, Inc.
Simplified Chinese translation rights arranged with Nikkei Business Publications, Inc. through Bardon Chinese Creative Agency Limited.
This edition is authorized for sale in the Chinese mainland (excluding Hong Kong SAR, Macao SAR and Taiwan).
No part of this book may be reproduced or transmitted in any form or by any means, electronic or mechanical, including photocopying, recording or any information storage and retrieval system, without permission, in writing, from the publisher.

本书中文简体字版由 Nikkei Business Publications, Inc. 通过 Bardon Chinese Creative Agency Limited 授权机械工业出版社在中国大陆地区（不包括香港、澳门特别行政区及台湾地区）销售。未经出版者书面许可，不得以任何方式抄袭、复制或节录本书中的任何部分。

不要赞美下属

出版发行：机械工业出版社（北京市西城区百万庄大街22号 邮政编码：100037）
策划编辑：石美华
责任编辑：石美华　高珊珊
责任校对：龚思文　梁　静
责任印制：邹　敏
版　　次：2023年4月第1版第1次印刷
印　　刷：三河市国英印务有限公司
开　　本：147mm×210mm　1/32
印　　张：6.5
书　　号：ISBN 978-7-111-72578-7
定　　价：59.00元

客服电话：(010) 88361066　68326294

版权所有 · 侵权必究
封底无防伪标均为盗版

什么是"民主型领导力"

PREFACE
前言

如果领导者并不是在刻意地"指挥下属",下属也没有"被领导"的感觉,而是自然而然地听从领导者的指挥,那么这样的领导者就可以说是成功的。

但是,这并非意味着领导者与被领导者之间的关系处于理想的状态。因为很多众所周知的有关领导力的常识其实并不合理,而领导者和被领导者往往都没有意识到这一点。

那些对自己的领导力充满自信,认为下属都对自己充满仰慕,都心甘情愿地追随自己、接受指挥的领导者,一定不会认为自己的领导力有问题。当然,这样想的可能也只有他们自己。

对于自己的领导身份缺乏自信的人,如果再被下属质疑自己的领导力，就难免沮丧消沉、一蹶不振。

下面，让我们设想一些具体情形，分别进行思考、分析。

领导者和被领导者都没有意识到"领导力"所应发挥的作用。这样的话，恐怕也就不会关注这类问题：领导力意味着什么？领导者在组织里该如何发挥自己的作用？

如今，职权骚扰事件颇受关注，因此，很少有人会单纯地认为训斥是指导下属的合理方式。但是，也有人认为，自己年轻的时候，正是因为上司的斥责才得以成长。因此，如果想改变现状，领导者和被领导者都必须意识到，过去的很多常识性思维方式都已经过时了，不再适用了。

让我们考虑另外一种情形，沿用上面职权骚扰的话题，假如被领导者对领导者的职权骚扰行为已经产生了不满，但领导者却不以为然。甚至，即使遭到了下属的公开抗议，领导者也还是会自欺欺人地说，需要有"被讨厌的勇气"，对下属的质疑充耳不闻。

领导力的构建是以领导者和被领导者的人际关系为基础的。如果下属产生了抵触情绪，不配合工作，整个组织将无法正常运转。如此一来，无论领导者如何炫耀自己的领导魅力，都难以掩盖作为领导者失职的事实。

或许，充满自信的领导者并不介意是否受下属拥戴。那么，对自己的领导身份缺乏自信的领导者是否就不合格呢？其实未必。因为这类领导者不会骄傲自大、怠慢工作，他们不会满足于现状，裹足不前。

新上任的领导者如果继续沿用自己上司的做法，恐怕不能合格地履行领导职责。而如果他认识到，固有的常识和理论已经不能解决新问题，那么在上任之初，他对自己的领导身份不够自信，也在情理之中。

不仅如此，正因为他明白，自己并不是一个强势的统帅，没有足够的权威，所以为了谋求改变，他会在要求下属之前，先考虑自己能做些什么，并在此基础上去寻求下属的帮助。这样的人，才真正适合担任领导者。

笔者在本书中阐述的观点，一言以蔽之，就是"民主型领导力"。具体内容将在后续章节详细阐释。其基本要义可以概括如下：领导者和被领导者之间是对等的关系，领导者不是用"权力"引领被领导者，而是通过"语言表达"构筑双方的合作关系。

当我们对领导力进行思考时，仅仅考虑领导者的资质是不够的。如前文所述，领导力的构建需要基于领导者和被领导者之间的人际关系。因此，领导天分也好，所谓的领导魅力也好，不仅不是必要的，反而会妨碍"民主型领导力"的发挥。

身为领导者，需要做到以下三点。

首先，领导者必须是教育者。如果下属的工作业绩没有长进，或者反复出现失误，领导者首先要反思自己的指导方法是否有问题。

其次，既然是工作，要求下属拿出成果无可厚非，但作为领导者，必须从人格上尊重并信赖下属。

最后，领导者必须对下属的工作负责。即使在工作中出现失误的是下属，也应该由领导者承担责任。虽说领导者和下属之间是对等的关系，但是，在下属出现工作失误的时候，领导者要承担的责任远远大于下属。

毋庸置疑，成为民主型领导者，需要付出大量的时间和精力。但是，也要相信，努力终有回报。

本书是笔者以领导力为主题撰写的第一本书。其内容是在以经营者为受众的杂志《日经领袖》上连载的文章的基础上整理而成的。

全书分为三部分。

第一部分整理和总结了《日经领袖》上连载的"对领导力的误解"的相关内容。

第一部分由三章组成，第1章从人际关系的视角解读领导力。笔者认为，所谓的"坏"领导者并不存在，只有不擅长处理和下属之间人际关系的领导者。

第2章，笔者将阐明，觉得自己当不了领导者，或者对于目前从事的领导工作缺乏自信、认为自己不适合当领导者的人，正是他们的这些负面想法导致他们无法积极地投身于领导工作。澄清这一点之后，笔者将进一步探讨如何解决这一问题。

第3章将结合现实情况，探讨在新冠肺炎疫情这一史无前例的危机事态的背景下，作为领导者，如何才能拥有决断的勇气。

本书的第二部分收录了笔者面向杂志连载读者——公司的经营高管们进行演讲的内容。受篇幅所限，很多观点无法在杂志上详尽展开，而演讲可以进行细致深入的探讨，这对杂志连载文章也是一个补充。

在演讲中，为了让听众具体理解如何将领导力的相关理论运用于实践，笔者以自己作为父亲、教育者的实践经验为例进行说明。

第三部分收录了演讲结束后笔者与听众进行互动问答的相关内容。笔者常年研习哲学,在笔者看来,在雅典与年轻人进行对话的苏格拉底就是哲学家的典范。

对笔者来说,能够与仔细阅读了杂志文章的读者们面对面,进行长时间的深入交流,是一件令人无比欣喜的事情。

下面,笔者想再谈一个问题:"我为什么想写有关领导力的文章?"

本书多次谈及以人际关系为核心的阿德勒心理学。因为笔者认为,领导力的培养,需要对人际关系有一个全面的理解和学习。职场中的人际关系并没有特殊性。在职场中受到下属爱戴、尊敬的领导者,在家庭中也不可能被家人疏远、排斥。笔者一直在学习阿德勒心理学,在心理学领域,其对于人际关系的描述最为具体明确。因此,笔者对领导力问题产生兴趣也可谓必然。

其实,在初学哲学的青年时代,笔者对领导力问题就已经产生了浓厚的兴趣。这是因为,笔者一直在研习苏格拉底的弟子柏拉图的哲学思想。

和众多雅典青年一样,柏拉图家境优越且颇具才华,曾立志成为政治家。但是,苏格拉底受诬告遭到逮捕并被处死一事,对柏拉图造成了极大的冲击。

然而,柏拉图并未就此对政治失望,而是提出了"哲学王"的思想,主张实现政治权力与哲学精神的统一,否则国家与人类将遭受无尽的灾难。

哲学的根本在于质疑。因此柏拉图并没有不假思索地去实现自己政治家的理想,而是在思考探究"何谓政治家"。同理,作为领导者,有必要充分地思考,自己作为领导者是否合格?为了成为更好的领导者应该做出什么样的努力?

前文提到,笔者刊登在杂志上的连载文章是形成本书的基础,而当初的连载文章,也是为不知应该如何发挥领导力的经营者而撰写的。他们希望笔者能给他们描绘出一个非"老套"的、理想的领导者形象,也是因为他们的要求才促成了笔者在杂志上连续发表文章。但正如上文提及的各种原委,笔者想要写的内容非常多,因此,原本计划半年结束的连载文章至今还在继续刊登。

衷心希望读者朋友们阅读本书之后,能够认同自己的领导者身份,并在遇到问题时,从本书中获得些许解决问题的思路和方法。

目录 CONTENTS

前 言

第一部分 关于领导力的独白

第1章 | 002
领导者在组织中应该如何作为，哪些事是必须做到的，或者说，哪些事是不可以做的

第1讲　不需要领导魅力　| 003
第2讲　下属的尊敬不可强求　| 006
第3讲　不要斥责　| 009
第4讲　不要夸奖　| 012
第5讲　要鼓舞下属　| 015
第6讲　对于贡献的错误理解　| 018
第7讲　尊重并信任下属　| 021
第8讲　没有竞争的职场　| 024

第 9 讲　工作是为了追求幸福　｜ 027
第 10 讲　有贡献成就感的工作方法　｜ 030
第 11 讲　关于理想的领导者　｜ 033
第 12 讲　领导者的可为与不可为　｜ 036

第 2 章　｜ 039

领导者的心理问题：
成为优秀、自信的领导者的干扰因素

第 13 讲　不适合当领导者吗　｜ 040
第 14 讲　领导者的孤独　｜ 043
第 15 讲　需要与他人进行比较时　｜ 046
第 16 讲　继承公司的烦恼　｜ 049
第 17 讲　做领导者很痛苦　｜ 052
第 18 讲　出售幸福　｜ 055
第 19 讲　不能让下属反感　｜ 058
第 20 讲　思考自己能做的事情　｜ 061
第 21 讲　洋溢着笑容的职场　｜ 064
第 22 讲　举止谦和，待人友善，
　　　　　心胸宽广　｜ 067
第 23 讲　不侵占下属的功绩　｜ 070
第 24 讲　不把过失归咎于下属　｜ 073
第 25 讲　改变氛围的勇气　｜ 076

第 3 章 ┊ 079

**在局势难测的特殊时期，
领导者能做的事、该做的事、
不能做的事**

第 26 讲　决断的勇气　┊ 080

第 27 讲　不敢做出决断　┊ 083

第 28 讲　不要惧怕改变　┊ 086

第二部分　关于领导力的个人经历

第 29 讲　课题分离　┊ 090

第 30 讲　只有认为自己有价值时才能
　　　　　鼓起勇气　┊ 095

第 31 讲　斥责的弊端　┊ 098

第 32 讲　夸奖的弊端　┊ 107

第 33 讲　渴望得到认可　┊ 114

第 34 讲　关于竞争　┊ 118

第 35 讲　被讨厌的勇气　┊ 121

第三部分　关于领导力的对话

第 36 讲　脆弱的年轻人和固执的
　　　　　中坚员工　┊ 124

第 37 讲　如何传达自己的想法　┊ 130

第 38 讲　关于批评、赞扬和教养　┊ 148

第 39 讲　关于不斥责、被轻视，以及他人
　　　　　评价等问题　┊ 159

第 40 讲　关于我们自己的干劲　｜ 163

第 41 讲　对于担任领导职务感到不安　｜ 166

第 42 讲　没有动力的下属　｜ 180

结语　｜ 192

关于领导力的独白

第一部分整理和总结了经营类杂志月刊《日经领袖》中自 2018 年 3 月开始连载的文章,共有三个主题,分三章进行论述。

第一部分
PART 1

领导者在组织中应该如何作为,哪些事是必须做到的,或者说,哪些事是不可以做的

CHAPTER1
第1章

第 1 讲 **不需要领导魅力**

在这一章,我们将探讨,领导者在组织中应该如何作为?哪些事是必须做到的?或者说,哪些事是不可以做的?本章所描绘的领导者形象或许不同以往,但是与时俱进的人会认为,这是理所当然的事情。

曾经有个中学生向医生问道:"医生与护士、检验师这些幕后的辅助性工作人员一起工作的重要性体现在哪里呢?"

医生是这样回答的:"护士和检验师并不是幕后的辅助性工作人员,认识到这一点是非常重要的。"

现在的医疗模式是,拥有各项专业技能的医务工作者组成医疗团队进行诊疗或护理工作。因此,每一位医护人员都绝不是幕后的配角。即使在过去,还没有"医疗团队"这个说法,

第一部分　关于领导力的独白

医疗现场也绝不是医生一个人在进行救治工作，与其他医护人员的合作始终都是不可或缺的。

因此，无论是医疗团队，还是公司或其他组织，领导者只是一个岗位名称。领导者和下属是对等的关系，不同的仅仅是职责，领导者需要履行教育指导者的职责。

当然，这种教育和指导需要耗费一定的时间与精力，作为领导者，有时也难免会产生急躁情绪。

某出版社发生过下面这样的事情。

领导者不满意下属撰写的稿件，就自己进行了修正。因为他着急的是："如果我不尽快修改，就赶不上截稿时间了。"最后，虽然经过领导者自行修改后的稿件是完美的，但他的下属一无所获。

无论什么样的工作，交代给下属去做确实存在风险，但领导者必须信任下属，并且在下属出现工作失误的时候，领导者需要勇于承担责任。

或许有人认为这不公平。然而，我们要认识到，下属的失误正是因为领导者的指导不到位。也许有人会将问题归因于下属的能力不足，但是，领导者绝不能这样考虑问题。

十年前，我接受过冠状动脉搭桥手术。当时，主刀医生有三名，而担任我的主治医师的是其中最年轻的那一位。其实，现在无论在哪里，像这样由年轻人担任领导者的情况比比皆是。

这样的年轻领导者即使才华横溢，也需要他人的支持与配合。因为他们虽然能力过人，但很可能经验不足。

另外，领导者在有需要的时候必须善于寻求帮助，尽管这样做可能会导致下属将你与前任领导者做比较，并进行各种评判。领导者需要考虑的不是自己在别人眼中的形象，而是如何才能有利于组织和集体。

作为下属，也要有协助领导者的意识。下一讲我们将探讨作为领导者，如何激发下属"协助"自己工作的积极性。

第2讲　下属的尊敬不可强求

　　如何才能成为受下属支持并拥戴的领导者呢？简而言之，获得下属的尊敬。

　　问题在于，这份尊敬是强求不来的。如果下属判断领导者不值得尊敬，那么即使领导者发出"必须尊敬我"的命令，他也绝不可能获得下属的尊敬。

　　成为受人尊敬的领导者，首先，要谙熟自己的工作。

　　有一次，我在车站的售票口购买车票，虽然我要走的路线非常复杂，需要多次换乘，但是，我只对工作人员说了一次，他就完全理解了我的意思，迅速办理了车票。

　　这位工作人员的年轻下属在旁边看到这一幕，惊呼"好厉害！"，而这位上级只是淡淡地回应了一句："这就是咱们的工作呀。"

第 2 讲　下属的尊敬不可强求

其次，要能够将自己的工作经验传授给下属。

举例来说，有人向你问路，虽然你知道怎么走，但是用语言讲解太麻烦，所以你直接带着问路人一起走到目的地——这不能算"认识路"。如果你不能将路线用语言描述清楚，就不能算是知道路线。

如此想来，担任领导者实在不轻松。

没有能力的领导者不希望下属发现自己无能，因此会将下属带离核心工作现场，也就是从"第一战场"转到"第二战场"。

于是，这些领导者会挑剔与工作没有直接关系的问题，对下属大加训斥。如果有下属表示质疑、反对，只要强硬地压制他，这些领导者的优越感便会愈加强烈。

然而，这种优越感只不过是自卑感的反向体现。真正有能力的领导者绝不会炫耀自己的优势。

再次，领导者必须尊重下属。

如果领导者的教育指导到位，那么下属的能力就会不断提升，终有一日会超越领导者，还有可能越过直接上司被委以重任。假使如此，领导者只需要欣慰自己指导有方就好，嫉妒下属就太失态了。

即便目前下属的知识与工作经验都有欠缺，也暂时不能做出骄人的业绩，领导者也要认识到，这些年轻人比自己更富有知性和感性。只有尊重下属的领导者才会得到下属的尊敬。

最后，作为领导者，在工作上必须成为员工的楷模。当然，领导者也可能出现工作失误，这时绝不能掩盖失误或者百般辩解。不承认错误，掩盖失败，问题暴露时将责任转嫁给下属——这样的领导者不可能获得下属的尊敬。

会熟练使用电脑的下属处理工作的速度比自己更快，那么不会操作电脑的时候向下属请教就好了。但是要注意，领导者不可以摆出一副"我年轻的时候可比你们强多了"的样子。

如果领导者能够遵循上述几点来对待下属，就是在以对等的心态看待下属。在下一讲，我们将探讨，以对等的态度对待下属，具体应该做到什么。

第 3 讲 不要斥责

领导者该如何以对等的态度与下属相处呢?

首先,和下属讲话时,措辞切忌蛮横无理。如果领导者意识不到自己和下属之间是对等的关系,会自以为高人一等,说话方式也自然会显得高高在上。

我认为,领导者对下属也可以使用敬语。如果觉得不太容易接受,至少在给下属布置任务的时候,不使用命令语气,而是表现出拜托的态度。例如,"如果你能做到……就帮了我大忙了",或者"你能帮我……吗",等等。

其次,不要斥责。当下属出现工作失误时,有的领导者会斥责下属。而斥责恰恰意味着没有对等地看待自己的下属。

即使下属在工作中出现了问题,也没有必要斥责,只需要心平气和地给下属讲清楚为什么会出现这样的失误，以避免今后再犯同样的错误。

没有一个员工能够从上任之初就对工作得心应手。因为无法熟练、完美地处理工作，下属本来就已经感到心虚、自卑，如果领导者此时再加以斥责，会加重下属的自卑感，会让他觉得自己很无能、很没用。

斥责带来的最大负面影响，就是让下属觉得自己很没用。如果不仅限于指责失误本身，甚至说出"这点事都做不好！"这类人格攻击的话，那么下属将愈发觉得自己不行，没有价值。

心理学家阿德勒说过："人唯有在感觉自己有价值时才会有勇气。"这里说的勇气也可以指投入在工作中的勇气。

也有些人认为斥责是必要的："正是因为上司的斥责我才得以成长，我能有今天，都要归功于严厉训斥我的上司。"但是我们也要看到，这些人本来就有能力、内心强大，因此，即便被领导者斥责，挫伤了勇气，也能继续投入工作。而大多数人在受到领导者斥责后往往会一蹶不振，连原本具备的能力都发挥不出来。

虽然下属全力以赴却未能收获理想的工作效果，领导者往往因此而斥责下属。实际上，即使不挨训，一想到领导者

第3讲 不要斥责

要对自己的工作进行评价，自己的工作能力也被摸透了，下属已经忐忑不安。如果再遭受领导者的斥责，下属对于工作会愈发没有信心。

我曾经在大学教古希腊语。有一年，我的一个学生不愿意做古希腊语翻译成日语的练习。当我问他原因时，他说："我不想因为自己翻译错了让老师觉得我很差劲。"

我对他说："如果我不知道你哪里没有理解，就无法给你指导。老师不会因为你出错就觉得你不行。"于是，从下一次课开始，这个学生不再害怕犯错，古希腊语的理解能力也得到了提高。

即使下属出现了工作失误，领导者也要能够看到下属的潜力，并且给予他们恰当的指导，促进他们成长进步。这样，下属也能真切地感受到领导者在对等地对待自己。

下一讲，我们将继续探讨，要做到对等地对待下属，不能斥责，那么领导者应该怎么做呢？

第4讲 不要夸奖

思考一下,要做到对等地对待下属,不要斥责,那应该做什么呢?

当我提出不要斥责下属的观点时,一定会有人问,那是不是应该夸奖呢?

其实,夸奖存在两个问题。

其一,在对等的关系中,是不会进行夸奖的。

举个例子。家长做心理咨询时带上了无处托管的孩子,如果孩子在家长接受咨询期间一直安安静静、不吵不闹,那么家长会夸奖孩子说"你真棒"。但是,如果是妻子陪同丈夫进行心理咨询,那么丈夫无论如何也不会因此而夸奖妻子"你真棒"。正是因为家长没有对等地看待孩子,才会进行夸奖。

其二,被夸奖的人会觉得自己没有价值。

家长之所以夸奖小孩子,是因为他们一开

第 4 讲 不要夸奖

始觉得小孩不会老老实实地等着,但是孩子表现得格外听话。而丈夫之所以不夸奖一同前来的妻子,是因为他知道,妻子肯定会安静地等待。如果丈夫夸奖妻子说"你真棒",妻子一定会有被嘲讽的感觉。

有人问我,该如何看待工作中的评价呢?我认为,在工作中,评价是必不可少的,但评价就是评价,不是夸奖。

我在大学教古希腊语时,身为教师,必须对学生做出评价。学生的翻译正确就是正确,错误就是错误。这就是评价。对于回答正确的学生不夸奖,对于回答错误的学生指出错误,并不斥责。

有的教师认为,对于做错的学生也必须夸奖、鼓励,在进行评价时心软手松,降低标准,这也是不妥当的。虽然有的学生被指出错误后会一时感到失落,但是只要继续努力,避免再次出现同样的错误,这就很好。

因此,在工作中夸奖下属,总有虚伪夸张之嫌。

对于出现重大失误、业绩不佳的下属,领导者如果以为"在评价上宽松体贴一点能激发工作积极性",并对其进行赞许,结果下属很可能会认为,领导者没有对等地对待自己。

因为下属心里很清楚,自己并没有拿出令人满意的成果。因此，领导者既不需要通过斥责进一步打击下属，也不需要刻意去安抚下属失败后的沮丧心情。

在这种情况下，如果受到了领导者的赞许，下属不仅不会接受领导者的这份"温情"，反而会认为领导者已经彻底不对他抱有希望，从而更加否认自我价值。

因此，领导者只需要做出评价即可。只要是客观公正的，即使是负面评价，下属也会继续努力以求进步。

既不能斥责也不能夸奖，那么领导者到底应该怎么做呢？下面我们继续讨论。

第5讲 要鼓舞下属

前文引用过心理学家阿德勒的名言:"人唯有在感觉自己有价值时才会有勇气。"我们在这里谈论的是投入在工作中的勇气。

有的下属对工作不够努力用心,如果领导者对他们说"你很有能力,要加油!",虽然这么说的本意是激励他们,但结果只会适得其反,他们会越来越懈怠。因为他们会选择生存在只要努力就能取得好结果的"可能性"当中,这样的人会拿自己能力不足作为工作不努力的借口。

在很多情况下,工作的实质内容是处理人际关系,而只要和人打交道就难免产生摩擦。

自信的人不会害怕与他人打交道。但是,不够自信的人会因为担心自己受到伤害而尽量避免与他人接触。为此,他们会有意地否认自我价值。

这时，领导者的任务就是帮助这类员工重新树立自我价值，从而获得积极投入工作的勇气。

具体的做法是，在恰当的时机对下属说"谢谢"。得到领导者的感谢能让下属感觉到自己对公司做出了贡献，从而认识到自身的价值，并获得努力工作的勇气。

这种帮助他人获得直面问题的勇气的行为，阿德勒称之为"激发勇气"。

不过，也有些领导者说不出"谢谢"，因为他们内心认为下属工作不积极，什么都做不好。

即使面对这样难以令人满意的下属，领导者也要能开口说出"谢谢"。为此，我们需要从根本上改变对他们的看法。

通常，领导者会比较关注下属工作中出现的问题，并急于消除问题，于是会斥责下属，勒令其改变做法。但是我们要认识到，从本质上讲，问题就像黑暗一样，不可能像拿开一件物品一样将其移除。

那么应该怎样做呢？答案是"投射光芒"，因为只有光芒才能驱散黑暗。激发勇气就是投射光芒的做法。

也就是说，对待下属不要只关注他在工作中的所作所为，而应该关注其本人，认可其个体的存在价值。

第 5 讲 要鼓舞下属

具体而言,遇到来公司上班的下属,对他说:"今天也拜托你了,谢谢!"要知道,下属很可能对工作没有信心,他努力克服了"今天不想上班"的情绪,鼓足勇气来到公司。这也是非常难得的,领导者应该认识到这一点。

实际上,员工来上班工作,就是对领导者的支持和协助。身为领导者不能认为这是理所当然的事,而且要把对下属的感激明确地用语言表达出来。一天的工作结束时,也要对他们说:"这一天辛苦了,谢谢你们。"

面对这样的领导者,下属一定会大受鼓舞:"虽然现在我的能力还不够,但是我一定会努力!"

激发下属的勇气,真正做起来并不容易。那么做到这一点需要注意什么呢?下一讲将进一步探讨这个问题。

第6讲 对于贡献的错误理解

激发下属的勇气，具体的做法就是对下属说"谢谢你""你帮了大忙"等激励的话，其目的在于让下属觉得自己有贡献、有价值，从而激起全力以赴投入工作的勇气。

但是，很多领导者未能理解这个根本目的，而是希望下属对自己言听计从。

在此，我们要澄清对于贡献的错误理解，树立起两个正确认识。

第一，贡献没有必要得到他人的认可。

事实上，确实会有人为了听到一句"谢谢"而努力工作。尽管领导者说"谢谢"的本意是激发勇气，但这类下属却会把这句话当成夸奖。

对于这类下属，领导者需要不断地与其沟通，需要悉心指导他们如何工作，直到他们在工作上拥有自我判断的能力。

第6讲 对于贡献的错误理解

如果下属总是听从领导者的指令,很可能一旦得不到领导者的认可就不知该如何工作,这种情况也着实令人头疼。怎么办呢?先讲一个案例。

有位小学老师在楼道里看到一位学生将掉在地上的垃圾捡起来扔进了垃圾箱里。这时,老师完全可以对学生说一声"谢谢",但是这位老师当时什么也没有说,而是在放学后,对全班同学这样说道:

"今天,我在楼道里看见有位同学把掉在地上的垃圾捡起来扔进了垃圾箱,我本来想立刻对他说'谢谢',但是转念一想,能够在没有人看到的地方自觉地把垃圾捡起来扔进垃圾箱的人可能不止这一位同学。因此,今天我想对所有把地上的垃圾捡起来扔进垃圾箱的同学表示感谢,谢谢你们。"

这番话需要我们关注的重点是,这位老师没有说出捡起垃圾的同学的名字,因为一旦点名表扬,同学们就有可能会为了得到表扬才去捡拾垃圾。实际上,做到捡拾垃圾,即使没有获得感谢,本人也应该意识到自己做出了贡献。

第二,贡献不是自我牺牲。

虽然明白应该做有益于他人的事情,但是,一旦这种行为成了自我牺牲,就会变得很沉重。工作也是一样。

第一部分　关于领导力的独白

　　为了让下属能够愉快地投入工作，领导者必须以身作则，让下属看到自己愉快工作的状态，这是非常重要的。

　　到这里为止，我们阐述了不斥责下属、不夸奖下属的观点，并探讨了如何激发下属的勇气，以及需要注意的问题。但是，即便领导者对待下属的方式都是正确的，如果没有良好的人际关系，下属也难以在工作中提升能力。

　　下一讲，我们将探讨尊重和信任。这两个要素是构建领导者和下属之间良好人际关系的必要条件。

第7讲 尊重并信任下属

让我们来思考一下，要构建领导者和下属之间良好的人际关系，需要具备哪些条件？

社会心理学家弗洛姆在其著作《爱的艺术》中指出，"尊重"是一种能力，是能够正视他人最真实的样态，认识到他人是不可替代的、独一无二的存在的能力。

如果下属在工作上频繁出错、业绩不佳，一定是领导者的指导方法存在问题。还有一个原因就是，领导者没有帮助下属激发全力投入工作的勇气。

要激发出下属的勇气，领导者首先要做的就是，不去要求下属是"理想的"下属，而是认可他目前最真实的样态。关注点不在于下属的所作所为，而在于其本身。对下属的存在本身给予认可，我称之为"存在认可"，这也是弗洛姆所主张的"尊重"。

此外,弗洛姆进一步提出,尊重还体现在对于他人实现符合个体特点的成长与发展给予关切。这在职场上可以解释为,不要求新职员适应公司,而是帮助他们实现自我的成长。

从年轻人的角度来说,他们和其他人一样,都身着毫无个性的职业套装,努力强调自己是能够立即适应工作的人才,希望获得认可。但是作为领导者,必须意识到,公司录用的是独一无二的、无可替代的个体。

综上所述,只有真正做到尊重下属,公司才能发展。无论是感受力还是知性,年轻人无疑都更胜一筹。领导者必须充分激发年轻人的才能。

构建良好关系的另一个必要条件是"信任"。

这里所说的信任是无条件的。也就是说,不是仅仅建立在拥有足够证据基础上的信任,而是无条件的信任。或者说得极端一点,即使没有任何依据,依然毫不动摇地信任。

那么信任的具体对象是什么呢?有以下两点。

第一,相信下属有独立解决问题的能力。如果领导者不相信下属能够独立完成工作,就会不断地对下属指手画脚。

确实，下属有可能出现工作失误，但是，如果感受到领导者对自己不信任，那么下属努力工作的勇气也将被挫伤。

更糟糕的是，有些领导者因为害怕下属把工作搞砸，干脆就自己代劳。这是不行的。

这样的领导者无非是不想在下属失误后承担责任，他们考虑的只是如何明哲保身。

第二，相信下属的言行是善意的。富有进取精神的年轻人可能会和领导者当面唱反调，但这绝不是没有把领导者放在眼里，而是因为他们在真诚地为工作、为公司着想。领导者必须相信他们善良的初衷。

下一讲，我们将进一步探讨构建良好关系的另外两个条件，团队的合作和一致的目标。

第8讲 没有竞争的职场

在这一讲，我们将进一步探讨构建和谐的上下级关系的必要条件——团队合作和一致的目标。

前几讲我们探讨了斥责和夸奖会带来的问题。无论斥责还是夸奖，都会导致下属否认自我价值，进而丧失努力工作的勇气。

更严重的问题是，斥责和夸奖会滋生竞争。

通过激起员工之间的竞争提高生产率的做法如今已然落伍。在竞争中失败的人基本上不会为了争取反败为胜而奋发努力，只会丧失勇气。

而在竞争中获胜的人，则会因为担心下次遭遇失败而惶恐不安。竞争是损害人类精神健康最重要的因素。

竞争不仅伤害个人，还会波及整个团体和

第 8 讲 没有竞争的职场

组织。只要有竞争就会有输赢,从整体上来看胜负相抵,并无获益。

如果领导者以升职等利益为诱饵夸奖下属,那么一心想要赢得领导者夸奖的下属立刻就会对领导者唯命是从。

于是,领导者可以用这种方式不断扩大自己的势力,而下属则不再在意公司的利益,只会考虑个人的利益得失。

如此一来,如果领导者做出违规违纪行为,下属就会千方百计地保全领导者。一旦领导者的不当行径败露,公司必然会遭受损失。

然而,如果领导者经常斥责下属,下属就会千方百计地考虑如何规避领导者的责骂。即使出现了工作失误也不敢汇报,百般隐瞒。这种情况也会导致东窗事发时公司的利益受损。

只想逃避责骂、获取表扬的下属不会在意公司的利益,他们只会考虑个人的得失。这样的员工,以及导致下属如此行事的领导者,对公司来说百害而无一利。

领导者必须在职场彻底根除竞争关系。为此,公司的每个员工都必须作为对等的个体相互合作,全员一心向着积极的目标奋进。

具体做法前面已经探讨过，领导者要关注员工的贡献，对于下属的支持与协助要表示感谢。

此外，领导者和下属之间也必须建立合作关系。虽然领导者拥有更丰富的知识与经验，但是也应该避免一味地自上而下进行指挥，有时也需要征求下属的意见。知之为知之，不知为不知，领导者在不知所措的时候也应该坦率地承认自己"不知"。

即使领导者和员工都做到了尊重、信任、团队合作这三点，但是，如果双方的目标不一致，那么无法构建良好的人际关系，工作也会立刻碰壁搁浅。只有领导者明确整个公司或者本部门的奋斗目标，才能激励员工全力投入工作。

但是要注意，所谓目标不仅仅指工作上的目标，因为人生在世并不是只为了工作。

下一讲，我们将阐明，包括工作在内的人生的目标究竟是什么。

第9讲 工作是为了追求幸福

我认识一个年轻人,在临近黄金周时辞职了。他如此迫不及待地要摆脱这份工作,连黄金周都不愿意等。我问他为什么辞职,他回答说,因为感觉公司里的前辈和领导者看起来都不幸福。

当然,即使前辈和领导者看起来都不幸福,也并不意味着自己也一定不会幸福。或许,这不过是一个不愿意在这家公司继续工作的借口。

那么,如果年轻的下属问你"人们工作是为了什么",你会怎么回答呢?

职场是工作的地方,所以你也可以毫不客气地说"你的问题跟工作无关",拒绝回答。

的确,这个问题一两句话说不清楚,但是似乎也不能轻易断言这个问题就与工作无关。最重要的是,下属的提问得不到真诚、正面的回应,很可能会认为领导者是在回避、敷衍。

第一部分　关于领导力的独白

其实，对于这个问题，我们也可以答复说"实际上我也不太清楚"。领导者向下属表现出自己愿意共同探讨问题的态度，这一点非常重要。

实际上，即使下属没有提出这个问题，我们也应该认识到这是一个与自身密切相关的问题，认真思考一下为什么而工作。

有一次，我在企业培训中发表演讲，发现有一句话深深打动了听众。有些之前看起来对我的讲话不感兴趣的人，听到这句话后突然坐直了身体，开始认真倾听。这句话就是："人不是为了工作而活着，而是为了活下去而工作。"

毋庸置疑，不工作确实活不下去。但是，人绝不是为了工作而活着，这一点同样毋庸置疑。如果有人说自己除了工作一无所有，那么他的工作方式是需要改善的。

既然工作也是生活的一部分，那么"为了什么而工作"的答案与"为了什么而活着"的答案应该是一致的。简而言之，我认为答案是：为了幸福。

如果在工作中感受不到幸福，只能说明工作追求的目标不是幸福，而是其他东西。

三木清说过："幸福关乎存在本身，相反，成功关乎过

程。"(《人生感悟笔记》)

收获幸福，并不需要达成什么目的。此时此刻在这里，你的存在本身就是一种幸福。

成功则关乎过程，也就是说，只有完成某个目标才算成功。

完成具体的工作任务需要树立目标，并最终达成目标。因此可以说，从事具体工作任务的目标是收获成果。而参与工作、劳动本身应该以幸福为目标。

再强调一次，每一项具体的工作任务，都应该有必须实现的成果目标。而劳动本身，应该以幸福为目标。人类之所以劳动，就是为了收获幸福。

因此，即使尚无任何成就，工作着、劳动着的人就能够感受到幸福。

下一讲，我们将探讨，什么样的工作方式能让我们感受到幸福。

第 10 讲　**有贡献成就感的工作方法**

上一讲提到，因为工作也是生活的一部分，所以"为了什么而工作"与"为了什么而活着"这两个问题的答案应该是一致的。

古罗马的一位哲学家说过："每个人都渴望幸福。"没有人能够放弃对于幸福的追求，因为那是人类与生俱来的本能愿望。我们需要探讨的问题是，人如何才能获得幸福。

工作、劳动原本也应该是为了获得幸福，但是，如果在工作中感受不到幸福，那么说明工作方法不够合理，有待改善。

什么样的工作方法才能产生幸福感呢？

简单来说，只要能感受到对他人有益、有贡献，就会产生幸福感。

阿德勒说过："鞋匠在做鞋子的时候，就成了对他人有益的存在。只有在感受到自己对他

第10讲 有贡献成就感的工作方法

人、对社会有贡献的时候，内心的自卑感才能得以减轻。"（《生命的意义》）

对买鞋的人来说，鞋匠是"有用"的。在制作鞋的过程中，鞋匠能够感受到自己"对他人、对社会有意义、有价值"。这就是"贡献成就感"。

另外，贡献成就感"能够减轻自卑感"——对于阿德勒提出的这一观点，下面具体说明一下。

阿德勒还说过："只有当我的所作所为对集体有益的时候，我才能感受到自身的价值。"

"认为自己有价值"的反面就是"感觉自己没有价值"，或者"感到自己的价值很小"，也就是所谓的"自卑感"。

鞋匠通过"做鞋子"这一行为做到了对他人有益，从而产生了自己"对社会有意义"的"贡献成就感"。因此内心的自卑感减轻，认识到自身的价值。

阿德勒在这里以鞋匠做鞋为例，阐述"劳动分工"是"人类幸福的主要支柱"，他还提到，劳动分工之所以得以实现，是因为人们学会了合作。（《理解人性》）

也就是说，正是在合作与分工这样的人际交往过程中，人们才能够收获幸福。

尽管人际关系中难免有矛盾摩擦，但是，正是因为"通过工作和他人产生关联"，感到"自己的工作对他人做出了贡献"，才体会到人生的喜悦，感受到幸福。

如此看来，领导者需要做到的，就是成为带着贡献成就感去工作的楷模。

第 11 讲 关于理想的领导者

无论什么工作,一开始都必须由领导者给下属讲解工作的内容和流程。如果指导方式恰当,领导者不必事无巨细一一指点,下属的工作能力也会得到提升。这样一来,领导者的工作也能相应地轻松许多。

如果下属的工作总是出现失误,业绩也提不上去,那是领导者的指导方式有问题,而不是下属的能力不够。

另外,如果下属总是依赖于领导者的指示,领导者需要不断地下达指令,同样说明领导者的指导方式有问题。

《伊索寓言》中有这样一则故事。

青蛙们对于"群蛙无首"的状态很不满,请求宙斯赐给它们一个国王。

于是,宙斯便将一块木头扔到了池塘里。

青蛙们最初听到木头"扑通"落下的声音时都大吃一惊，潜入池塘深处躲了起来。随后，木头浮在水面上一动不动，青蛙们慢慢发现木头也没什么了不起，于是在木头上蹦来蹦去，还坐在上面。

渐渐地，青蛙们对这个木头国王感到不满意，于是又去请求宙斯给它们换一个国王。

这一次，宙斯十分生气，于是派了一条水蛇去给青蛙们当国王。结果青蛙们都被水蛇一只一只地抓来吃掉了。

总是询问领导者指示的下属和青蛙一样，不喜欢无为的领导者。因为如果自己独立做决定，那么决策的责任也必须自己来承担。

为什么下属会这样畏首畏尾呢？其根源在于领导者的斥责。下属会想，如果按自己的想法做事会招致领导者的斥责，那么不如什么都不想了，直接按照领导者的指示办事更好。

即使可能出现失误，也能够依据自己的判断独立处理工作——培养这样的下属是领导者的职责。从这个意义上讲，领导者必须成为一块"木头"，成为隐形的、没有存在感的领导者。否则，下属会对领导者产生依赖，失去独立工作的自主性。

真正的领导者应该都能看穿，那些一味顺从自己的下属不过是想逃避责任。这些下属考虑的不是组织和集体，而是他自己。

然而，如果领导者只喜欢顺从听话的下属，那么他也同样不会关心组织和集体，只会关注个人利益，将下属视为工具，而不去考虑如何培养下属。

领导者有了错误也敢直言指摘——要想培养这样的下属，必须营造一个能够自由发言的环境，为此，不能过度凸显领导者的存在。

自己是集体中的一员，属于这个集体——这种归属感是人类的基本需求。但这并不意味着要在集体中处于核心地位。作为领导者，首先就要放下成为集体的核心这种想法。

下一讲，我们将基于前面的所有内容，对领导力进行总结。

第 12 讲 **领导者的可为与不可为**

如前文所述，领导者只是一种角色名称，领导者和下属只是职责不同，二者是对等的关系。因此，领导者实际上也并不需要所谓的"领导魅力"。

但是，从其词义上来看，"上司""上级"就是以上下关系为前提。即使换成"领导者"这个说法，"领导者"就是"引领者、先导者"，即"走在最前面的引导者"。基于这样的理解，人们在心里形成了"领导者高于或领先于下属"这样的印象，这种印象很难改变。

此外，很多领导者即使理解"对等"这个词的含义，也可能做出不能对等地看待下属的言行，例如斥责下属。

再有，关于领导者是否需要具备"领导魅力"这一点，有人认为，即使没有领导魅力，成为强势的领导者也是很必要的。那么，理想

第 12 讲　领导者的可为与不可为

的领导者究竟应该是什么样的呢？我的观点如下。

传说中的中国古代帝王尧，他很想知道天下是否真的太平，百姓是否安居乐业、是否对自己这个君主满意。于是他来到民间微服私访。路上，听见老农在高兴地唱歌。

"日出而作，日入而息。凿井而饮，耕田而食……帝力于我何有哉（帝王之力又与我何干）？"当然，帝王之力不可能与百姓无关，恰恰相反，正是因为尧的善政仁政才有了百姓的安居乐业。但是，百姓甚至没有意识到尧对于国家的治理，这恰恰是天下大治的最好证明。

上面提到，领导者和下属只是职责不同，其实这个"不同"所体现的差异巨大。

打个比方，领导者就好像管弦乐团的指挥。

对音乐不甚了解的人在欣赏管弦乐团的演奏时，可能不太理解乐团指挥在做什么。实际上，没有指挥便不可能实现乐曲的演奏。那么指挥究竟发挥着什么作用呢？

可能有的指挥能从头到尾记住全部乐曲，但通常情况下，指挥都是看着总谱进行指挥的。总谱上记载了所有乐器的乐谱。每位演奏者只需要看着自己所承担部分的谱面演奏即可，但指挥必须掌握所有乐器应该在何处以及如何演奏。

正因为有这样的指挥，各个乐器的演奏者才能成为一个整体，完美地配合。

最关键的是，指挥者本人并不演奏任何乐器。公司的领导者基本上和指挥一样，不能事必躬亲，包办或代替。

当然，不同的指挥者会实现不同的演奏效果。但是，只要让乐团的每一位演奏者都能不受约束地"自由演奏"，就是优秀的指挥家。

演奏结束后现场响起的掌声是送给整个乐团的，而非指挥者个人。如果指挥者认为那是观众送给自己的掌声，就太可笑了，就好像大家共同完成的工作，领导者却把功劳据为己有一样荒唐可笑。

第 2 章
CHAPTER 2

领导者的心理问题：成为优秀、自信的领导者的干扰因素

第13讲 不适合当领导者吗

从这一讲开始,我们将对领导者的心理问题进行分析,探讨一下是什么因素在阻碍你成为优秀的领导者,或者干扰你自信地从事领导工作。

有不少人都觉得自己不适合当领导者。这样想的原因有很多,我们必须先分析清楚,这样想的"目的"是什么。

认定自己不适合当领导者,就不会全力以赴地积极投入工作,这就是自我认定不适合当领导者的目的。

即使竭尽全力还是没有把工作做好,我们会认识到自己的能力不足。但是,如果认定自己不是当领导者的料,那么工作出现问题时,就可以把原因都归咎到这一点。

即使你尚且不具备足够的领导能力,也不

应该以不适合当领导者为借口回避问题，而是应该先坦率地接纳现在的自己，在此基础上逐渐去培养锻炼自己的领导能力。

要判断一个人是否适合当领导者，必须先令其明确理解"什么是领导者"。

上大学的时候，我曾认为自己不适合当老师。因为我想，"老师这个职业必须敢于大声说话，但是我不行，声音太小。而且身量也没有优势，初高中的学生，有的个头比我高大许多。如果真到了不得不批评学生的时候，我在气势上就得被他们压倒"。

当然，我最终也没能成为中小学老师。但是现在回头想想，当年令我受益颇深的优秀的老师们，都没有大声讲话。

同理，认定自己不适合当领导者，恐怕也只是因为自己未能成为设想中的理想的领导者。

退一步说，认为自己不适合当领导者这种想法本身，对领导者来说，其实是十分必要的。

古罗马帝国皇帝马可·奥勒留在18岁时被指定为下一任皇帝，据说当时的他非但没有感到欣喜，反而感到恐惧。

马可·奥勒留继位后兢兢业业，勤勉执政。作为领导者,他非常敬重元老院的众位议员,虚心听取他们的建议。

马可·奥勒留经常这样说道:"我理应听从众多优秀者的意见,这比你们听从我一个人的意愿要公正。"(《罗马君王传》)

说起来,那些自认为适合当领导者、一心想成为领导者的人,反倒更加容易出问题。

因为,这类人在工作中遇到问题时,不会意识到自己在领导力方面需要有所改进,甚至可能完全不与下属商讨便独断专行。

下一讲,我们将探讨,作为领导者为何感到孤独,以及应该如何面对这种孤独。

第14讲 领导者的孤独

有的领导者会感到孤独。实际上,感觉孤独,和真正成为"孤家寡人(用'被孤立者'这个词似乎更贴切)"并不是一回事。

事实上,如果领导者真成了"孤家寡人",这个集体就已经不能正常运转了。而领导者之所以感到孤独,恐怕是因为他觉得作为领导者在集体中失去了立足之地。

自己是某个集体中的一员,在其中占有一席之地,这是人类最基本的需求。领导者失去了归属感,必然会感到孤独。

当下属不能积极地接受、支持自己的意见和判断时,领导者会感到孤独。这时如果领导者固执己见,采取强硬的态度,认为"即使下属反感,该说的还是要说""领导者就应该拥有被下属讨厌的勇气"等,只会令身边的同事、下属愈发难以接受。

不过，即使是这样的领导者，只要能让下属自由发表意见，那么这个组织机构也能健康运转。

因为自己的想法不被接纳，所以会感到孤独。不过，有些人虽然嘴上说自己很孤独，但是他们是否内心真正感受到孤独，恐怕连他们自己都不能确定。其实，越是看起来强势的领导者，越希望下属接纳自己。

如果没有一个人去提醒领导者的错误，他本人也没有意识到自己的过失，这才会使组织机构面临重大危机。

其实，感到孤独的，并不都是这样强势的领导者。

无论做出什么样的判断，都难免会有反对者。因此，过于在意下属反应的领导者必须努力做到不纠结于别人对自己的看法，做出正确的判断。

另外，较为弱势的领导者可能会为了迎合下属而轻易放弃自己的主张，他们认为与其被下属否定，不如避免去判断与决策。

这时，领导者就需要"孤独感"这个借口，只要感受到"孤独"，就有理由不去积极发挥作为领导者的作用。

但是，作为领导者，应该不畏惧失败，逐步养成自己做出正确判断的能力,这是一个过程,不可能一蹴而就。只有这样,才能赢得下属的信任。

要知道,领导者也会犯错误。如果不能经常征求下属的意见,请他们对自己的判断进行确认与监督,一意孤行难免会出现失误。所以领导者绝不能自以为是、独断专行。

领导者的专权会使自己成为孤家寡人,这与领导者自己感受到的孤独感性质完全不同。如上文所述,如果领导者被孤立了,组织就无法正常运转。为了避免陷入这一困境,领导者需要积极发动下属,也就是说,要认真听取下属的意见。

下一讲,我们将探讨,领导者在无法避免与他人进行比较时,应该怎么做。

第 15 讲 需要与他人进行比较时

有的领导者总喜欢拿自己与他人做比较。

在进行比较时，没有人会觉得自己比别人强。如果一个人相信自己比其他人更优秀，肯定不会因为"自己似乎不适合当领导者"而烦恼。

其实，怀疑自己并不适合当领导者的这种感觉就是一种自卑感。这种自卑感实际上仅仅是自己"觉得"不行，并不意味着真的就不行。

自卑感是一种主观感受，因此，领导者感到自卑，并不说明他就真的不胜任领导工作。相反，优越感太强的人实际上不一定适合当领导者。

有时候，自卑感能够帮助领导者变得更加优秀。

阿德勒认为："每个人都有自卑感，但自卑感并不是一种疾病，而是一种促进健康、正常

奋斗和发展的刺激物。"(《阿德勒心理学讲义》)

正如阿德勒所说，自卑感是激励人们努力与进步的良性刺激物。正因为有了自卑感，人们才会奋发努力并取得进步，这样的自卑感是健康的，也是正常的。

那么，要进行比较的话，可以拿过去的自己和现在的自己相比，拿真实的自己和自己心目中的理想领导者相比。这样就能够看到自己的努力和进步，并愿意继续努力，继续提高。

但是，如果拿自己和他人进行比较，并感到自己比不上别人，那就不是一种健康的自卑感，这样的自卑感只会成为妨碍领导工作的绊脚石。

为什么这么说呢？因为只要和他人比较，就一定会有让自己感到自卑的理由。

有的领导者把不会斥责下属、没有决断力等作为认定自己缺乏领导力的理由。其实这些理由都只不过是为了证明自己不适合当领导者而臆想出来的借口。

那么，应该如何正视自己，积极应对问题呢？首先，如果缺乏从事领导工作所必要的知识和经验，就需要努力学习积累。

第一部分　关于领导力的独白

没有人天生就是优秀的领导者，借用阿德勒的话，我们需要拥有"接受不完美的勇气"。

其次，不要与他人进行比较。我们只能接受真实的自己，每个人都是独一无二的，与他人相比没有任何意义。

假使你倾慕某位人人称颂的领导者，希望像他一样，因此尽量模仿他的言行，那么即使你最终成为和他一样的领导者，你也不再是你自己了。

下一讲，我们将基于本讲的内容，探讨下面的问题：需要勉为其难继承公司，心里感到很烦恼，该怎么办。

第 16 讲　继承公司的烦恼

需要勉为其难继承公司，心里感到非常烦恼，该怎么办呢？

对于这个问题，我们需要从两个角度考虑。

一方面，从公司的角度考虑。假如你烦恼的是对于继承公司之后的领导工作不知所措，这就好比你对现在居住的房子不满意，纠结是否需要进行改建装修，居住场所本身并不会发生变化。

假如你的烦恼来自不得不继承公司这件事情本身，因此感到痛苦，性质就不一样了。这类似纠结是否要搬家而产生的烦恼。不用说，如果不继承公司，你的人生会发生重大改变，与既定设想完全不同。

虽说在大多数情况下，是否继承公司不是自己一个人说了算的。但是也不可否认，拒绝

第一部分　关于领导力的独白

继承公司的确是一种可能的选择，我们且以此为前提进行下面的探讨。

一心向往哲学家生活的马可·奥勒留接受了自己作为皇位继承人的命运，在继承皇位后勤勉执政、兢兢业业。不过，如今我们生活在现代社会，继承公司并不是一种必然的命运。

没有什么工作是非自己莫属的。对公司来说，能力出众的优秀员工到一定年龄退休确实是一大损失，但是一定会后继有人，绝非不可替代。

公司的领导者也一样，继承人绝不是非自己不可。前文提到，充满领导魅力的强势领导者并非必要，因为公司需要的不是具体的"个人"，而是领导者这一角色。

另一方面，从自身的角度来考虑。人生，如果不能活出自我则没有了意义。即使你早已被指定为公司继承人，人们也对你继承公司寄予厚望，你也没有必要为了公司而牺牲自己的人生。

实际上，在我看来，与迫不及待继承公司的人相比，被迫继承公司的人在继任后，更有可能成为优秀的领导者。

我有一位朋友，他从小就被寄予厚望，要继承由祖父创建并传承至今的医院。但是他并没有报考医学院,想必他的父母当初一定非常苦恼。

但是,他后来还是重新考入了医学院,并继承了医院。我不知道他的心境究竟发生了何种变化。继任后,只要有患者求助,无论节假日还是深更半夜,他都会义无反顾地出诊。想来,如果他当初顺从众人的期望,顺利当上医生继承医院,恐怕他的人生也会改写,与今天迥然不同。

说起来,继承公司真的是"不得已而为之"的事情吗?其实,如果内心"愿意",就不会感到痛苦。接下来,我们将探讨,如何才能发自内心产生继承公司的愿望,并进一步思考理想的领导者应该是怎样的。

下一讲的主题是,做领导者必须忍受痛苦吗?

第 17 讲　做领导者很痛苦

做领导者必须忍受痛苦吗？有几个问题需要我们思考。

首先，做领导者并不一定是件痛苦的事。之所以会觉得痛苦是有原因的。

认为做领导者很痛苦的人，大抵抱有"只要有可能就辞去领导职务"这样的念头，或者至少没有积极地承担领导工作。究其本质，并不是因为觉得痛苦，认为自己无法继续领导工作是为了说服自己不适合做领导者，所以才会认定自己很痛苦。

可以说，这种痛苦的心境是为了让自己下定决心辞掉领导工作而营造出来的。也就是说，先有了不想做领导者这种想法，其他的一切都不过是使这一想法合理化的借口。

因此，不论做什么事，都必定会得出"做

领导者很痛苦"的结论。即使工作开展顺利，也可能会想，如果领导者不是自己，组织应该能取得更大的成就。因为要想方设法找到证明自己不适合做领导者的证据，因此无论如何也不能打消做领导者很痛苦这样的念头。

其次，痛苦和辛苦是不一样的。世间并没有轻松的工作，即使有些工作看起来很轻松。那些即使在工作中看起来轻松愉快的领导者，其实也付出了很多不为人知的艰辛。

但是，辛苦并不意味着痛苦。付出艰辛后收获成功的那一刻是无比幸福的。如果觉得领导者的工作只有痛苦，其原因正如前文所述，是将痛苦当作辞去领导工作的理由，另外一个原因就是认为担任领导工作需要牺牲自我。这和"迫不得已"继承公司的人的想法大抵相同。

认为领导工作需要牺牲自我的人，会觉得自己的工作没有受到认可。然而，就像前面分析的那样，领导者本来就应该是隐于幕后的一个角色，因此领导者的工作被宣扬、被夸奖是不妥当的。

如果认识到领导工作不是在为集体做牺牲，而是在为集体做贡献，那么即使自己在工作中的努力与付出不为人知，也不会心生不满。

认为自己是在为集体做贡献的领导者，会在奉献中感受到自身的价值，因此不会觉得痛苦。

如果领导者工作得很痛苦，下属的工作状态也不会是轻松愉快的。领导者的责任，就是为员工树立起拥有奉献精神、带着贡献成就感去积极工作的榜样。

感到痛苦的人，恐怕是因为找不到工作的目标。下一讲，我们将探讨工作的目的究竟是什么。

第 18 讲　出售幸福

一般来说，工作顺心的人不会考虑工作到底是为了什么。

但是，在受到同事的批评或者工作进展不顺利的时候，他们就会感到彷徨，不知道自己努力工作究竟是为了什么。

前面提及，工作是为了获得幸福，当我们感到为他人做出了贡献时，就会产生幸福感。

人并不是为了工作而活着，也不是为了活着而工作。我知道这个说法必然会招致反驳："不工作怎么可能活下去呢？"请考虑一下，人类不呼吸就活不下去，但是我们是为了呼吸而活着吗？显然不是。

人们工作、劳动是为了获得幸福。如果你为工作鞠躬尽瘁，却依然没有任何幸福感，那么你需要重新审视一下自己工作的方法。

我们已经知道,人们在做出贡献时会获得幸福感,而这里所说的"贡献",不仅仅指对他人的帮助,也包括对社会的贡献。

店员帮助顾客收获人生的幸福时,会感受到贡献带来的成就感。如果店员只追求营业额,那么他是无法获得这种贡献成就感的。

我在家电商城经历过这样一件事。

店员非常热情细致地为我介绍我看中的一款照相机。最后,她说道:"这款照相机性能极好,我自己也在用。"

几个星期后,我的妻子也来到这家商城买照相机。碰巧还是接待过我的这位店员接待了妻子。这一次,店员介绍了另一款照相机,最后依然说道:"这款照相机性能极好,我自己也在用。"

当然,相机发烧友确实有可能拥有好几个相机,店员说的可能是实情。但是,在我听来,这句话不过是为了卖出商品而实施的一种营销策略。

店员应该做的是对客人看中的相机进行真实而准确的解说,这是第一步。

再进一步,即使是客人看中的相机,如果并不适合这位客人，店员应该为其推荐真正合适的商品。比如，摄影"小白"可能也会想买单反相机，这时店员应该为其推荐一下小型数码照相机或智能手机。

总之，不能为了提升营业额向客人推销他并不需要的东西，也不能为了完成业绩签订不利于客户利益的合同。这样做是无法获得工作上的满足感的。

对于公司来说，道理也是一样的。如果公司的目标是向社会出售幸福，从而做出自己应有的贡献，那么公司领导者的工作目标自然是清晰明确的。

从下一讲开始，我们将结束对于领导者心理问题的分析，来探讨下一个问题：领导者应该如何对待下属。

第 19 讲 **不能让下属反感**

领导者与下属的关系不融洽,可能会导致领导者产生一系列负面情绪:"领导者的工作好痛苦啊""我是不是不适合做领导者啊"。

前面我们已经分析过,领导者之所以会有这样的想法,是因为他不能积极投入领导工作。如果领导者干脆知难而退不加作为,只会让自己与下属的关系愈加恶劣。因此,不能回避问题,必须积极思考对策。

工作上出现问题的时候,最重要的是不要将其归咎于领导者的资质、素质、适应性、人格等问题上。

我的一个年轻朋友说过:"因为我是第三代继承者,所以不招员工喜欢。"但这并非事实。只因为是第三代继承者,就招致员工的反感,这根本就是无稽之谈。将所有问题都归因于自

第19讲 不能让下属反感

己的适应性和境遇，实际上就是在回避问题，转嫁责任。

曾有家长来找我咨询孩子的问题，我对他说："你不是一个不好的家长，只是一个不高明的家长。"我的意思是，他只是不知道和孩子相处的方法。

对于领导者来说也是一样，在出现问题的时候，知道如何去解决即可，并不需要诉诸领导者的权威。在棒球运动中，就算打不出全垒打，只要站在击球区击中球就能进一垒。在柔道运动中，必须熟练掌握的不是立技，而是寝技。柔道这项运动，"练习量是王道"。作家井上靖曾在书中写到，自己在学生时代十分擅长过背摔，然而知道这一招敌不过寝技，因此就非常努力地练习寝技。(《北方的海》)

另外，有的领导者被下属反感也不怕，干脆就想开了。这也是不对的。"被讨厌的勇气"这个说法颇有些英雄孤胆的意味。这些领导者坚持认为"即便被下属讨厌、反感，应该说的必须说"，甚至以指导为名斥责下属，最后发展到职权骚扰，还在强调"必须拥有被讨厌的勇气"。

实际上，需要拥有"被讨厌的勇气"的，是那些只会看领导者的脸色，不敢提出正确主张的下属，而领导者恰恰不可大肆标榜这种勇气。当然，如果为了不被下属讨厌，连关

第一部分　关于领导力的独白

乎公司利益的重要事情也不敢说了,这是不行的。但是,如果领导者被下属反感,问题应该出在领导者对待下属的方式上。

如果是关乎公司利益的重要事情,只要认真地向下属解释清楚,是能够获得理解的。不能获得下属理解,只能说领导者的能力不够,无法将重要的事情向下属解释清楚。

或者,本来并不是重要的事情,甚至是错误的决定,领导者却强行命令下属执行。这必然会招致下属的抵制,让下属对领导者产生反感。如果因此被下属反感,领导者应该认识到,自己也会犯错误,并与下属耐心沟通,仔细解释情况。

下一讲,我们将继续探讨领导者如何与下属相处。

第20讲 思考自己能做的事情

虽说成为卓越的领导者并非易事,但是,如果不考虑资质、素质、适应性以及人格等问题,而是将领导力还原到技术层面来看,那么即使不是拥有领导能力的天才,只要好好学习,也是能够胜任领导工作的。

不过,就算心里明白应该和下属对等地相处,尊重并且信赖下属,往往在工作中却不知道具体应该怎样去做。这就要不断地积累经验,在实践中逐渐掌握其要领。

然而,有些人完全意识不到领导工作的这些难点,他们一心想操控下属。

这样的话,就不可能与下属形成对等的关系,无法构建与之和谐相处的基础。那么,前面提到的不要斥责下属、学会拜托下属、对下属说"谢谢"这些要领,也就成了操纵、控制下属的手段。

为了避免出现这样的情况，需要注意以下两点。

第一，不要尝试去改变下属，而要思考自己可以做到什么。

我在演讲的时候会尽量留出答疑时间。在答疑环节中听了学校老师们的提问后，我发现，很多老师都认为，出现问题的时候，原因在于学生。这样想的话，就永远不可能找到解决问题的方法。

要想真正解决问题，首先要把学校、职场中的人际关系设想为家庭中的亲子关系，即家长与孩子之间的关系。这样一来，问题便不再是与己无关的事情了。

领导者也一样，职场上出现问题时，要认识到责任不在于下属，而在于领导者。领导者要认真思考如何与下属进行沟通、相处，这样才能找到解决问题的线索。

第二，要克服对下属的操控欲，就必须相信下属。

我在讲座中讲解过"对于存在的认可"这个概念，即不去关注下属的所作所为（工作），而是关注其存在本身。于是听众提出了这样的问题："对于工作都做不好的下属，还认可他的现状，他就会满足于现状，不再努力了吧？"

毋庸置疑，工作是必须拿出成果的。为了培训从零开始

第20讲　思考自己能做的事情

的新员工，公司需要进行前期投入，因此希望能够早日得到投资回报，看到新员工的工作成果。但是如果步步紧逼，反倒会让下属痛感自己能力不足，失去专心投入工作的勇气。

因此，在向下属传授工作所需知识的同时，领导者还要帮助他们树立起努力工作的勇气与信心。为此，领导者不能忘记，自己刚开始工作时也并非一帆风顺，对于暂时拿不出优秀成果的下属，要相信他们一定能成长、进步。

下一讲，我们来谈一谈职场的氛围。

第 21 讲 洋溢着笑容的职场

在前面的章节中,我们主要探讨了领导者应发挥"幕后英雄"的作用,而不是成为一个强势的领导者。但是,有些场合是需要领导者带头发挥积极作用的。

那就是,打造一个洋溢着笑容的职场氛围。

当然,所有员工都可以为形成良好的职场氛围做贡献。但是,作为领导者,应该起模范带头作用,率先成为下属的榜样。

做任何事情都需要认真投入。但是,认真不等同于刻板。对待工作也不例外。

"搞砸了的话可能会被领导骂",如果下属始终都看着领导者的脸色,在这种紧张的气氛中战战兢兢地工作,那么不可能充分发挥自己的能力。

在大家都全力投入工作,气氛紧张压抑的

时候，领导者要努力想办法缓和这种气氛，具体而言就是打造出一个有笑容的职场氛围。

当然，这并不是要求领导者说笑话，或者做一些滑稽的事情来搞笑。一般来说，故意逗人发笑，其结果是双方都会比较尴尬。

哲学家三木清曾这样说："正如鸟儿的鸣啭一般自然展现，并予他人以幸福，这才是真正的幸福。"（《人生论笔记》）

也就是说，幸福不仅是内心内在的事物，也是可以带给他人欢愉的。自己内心的幸福感如鸟儿鸣啭一般自然释放，这种幸福是能够传递给他人的。

那么，幸福感是如何呈现的呢？三木清认为："心情愉悦，举止谦和，待人友善，心胸宽广等，这些都是幸福感的外在体现。"（《人生论笔记》）

而其中的"心情愉悦"，正是缓和职场气氛，增加笑容的必要条件。

有些人情绪不稳定，容易紧张。对于这样的同事，大家不必太在意，让他们按照自己的方式调整就好。但是，如果有人从早上开始就绷着脸不高兴，他自己就毁掉了这一整天的好心情。

而且这种恶劣心情不只对本人有影响，也会使周围的人心情变差。更不用说，如果领导者绷着脸，下属会感到多么煎熬。

反之，心情好的人也会给周围的人带来快乐。

阿德勒曾经提到，喜悦是联结人与人的情绪纽带，笑容则是喜悦的基石。(《性格心理学》)

喜悦可以将人与人联结在一起。人们感受到与他人的连带感，就能在与他人的合作中收获喜悦。感受到喜悦，工作起来也干劲十足。

职场中的笑容，是检验员工在心情愉悦地投入工作的指标。

下一讲，我们将进一步探讨，为了营造良好的职场氛围，领导者能够做些什么。

第22讲 举止谦和，待人友善，心胸宽广

上一讲提到，三木清认为，幸福感经常会自然而然地释放出来，其外在体现首先就是"心情愉悦"。在工作中，如果领导者保持好心情，就能自然而然地缓和职场气氛，员工也能专心地投入工作。

此外，三木清还提到了"举止谦和"。具体而言，当别人有求于己的时候，不要以太忙为借口而敷衍对方。如今这个时代，每个人都很忙。即使很忙依然对人谦逊和气、以诚相待，对方就会感到自己受到了尊重。

领导者确实是最忙的，但是，正因为是领导者，更应该带头做到对他人谦和有礼。

下一个要点，是三木清所说的"待人友善"。如果下属来请教工作上的事情，领导者就应该耐心地指点他。而且，自己的工作，一定

要自己完成。

因为是领导者,就算自己能够做到的事情也交给下属去做,这是不对的。即使是迫不得已需要下属帮助,也不能认为这就是理所当然的。

当然,如果确实力所不及,领导者也要懂得寻求帮助。明明是做不到的事情还要勉为其难,只会给别人带来麻烦。不熟悉电脑操作的领导者向精通此道的年轻人请教,一点都不丢人。

如果完全没有学习新事物的意愿,一点努力都不做是不行的。阿德勒说过:"任何人都可以成就任何事。"一上来就认定自己不行的人,就算什么都不会做、什么也做不到,也给自己找到了借口。

最后,三木清还提到了"心胸宽广",这也是幸福感的外在表现之一。

心胸宽广,指的是即使不赞成他人的意见,也能够予以理解,至少能够试着去理解。

人们在一起互相配合完成工作,难免出现想法不一致的情况。这时候,对于不同意见要宽容大度。而领导者的工作,就是鼓励和支持下属大胆地各抒己见。

第22讲 举止谦和，待人友善，心胸宽广

为此，要做到不去关注发表意见的人是谁，而去讨论意见本身是否正确。在现实工作中，领导者错误、下属正确的事例不胜枚举。

即使领导者认为，下属的提议从现实角度来说难以付诸实践，也不要全盘否定，而是首先看到这一提议的积极意义。

事实上，有很多热销商品或畅销书，都是下属顶住了领导者反对的压力，坚持己见才得以问世的。因此，领导者一定要助力年轻人施展才华。

下一讲，我们将探讨领导者与下属相处中的禁忌。

不侵占下属的功绩

　　上一讲提到，领导者不能全盘否定下属的创意。领导者很可能仰仗自己的经验做出"虽然想法很新颖，但很难落地"或者"估计卖不出去"这样的判断，于是彻底推翻了下属的提议。

　　尽管在大多数情况下，领导者的判断可能是正确的，但是，如果领导者不努力帮助下属发挥才干，公司也得不到发展。

　　更有甚者，领导者将下属的创意据为己有，这种行为比不采纳下属的意见严重得多。

　　有一所新成立的高中需要创作校歌，便在学生中征集诗歌，之后请知名作曲家为选中的诗歌谱曲。

　　然而，在校歌发布会上，校歌的歌词和乐谱上并没有写作词学生的名字，取而代之的是音乐老师的名字。这位老师或许对作词学生进

第23讲　不侵占下属的功绩

行了指导,但是,如果不想在校歌中列出作词学生的名字,从一开始就不应该在学生中征集诗歌,请诗人为校歌作词岂不更好。

糟糕的是,自己不会作词的教师为了留名于后世,竟然让学生进行创作,并将成果据为己有。

在职场中,也有领导者将下属的创意据为己有,而且完全不提及下属的贡献。在这种风气下,下属也会侵占其他同事的想法,将其作为自己的创意报告给领导者。

这个问题的根源在于虚荣心和好胜心。

希望实现自我提升是一种健康的上进心。但是如果总想和他人比个高低,渴望得到肯定与赞许就会生出虚荣心。

为了在竞争中获胜而不择手段、侵占他人成果的人,势必自毁名声,为人所不齿。然而,他们似乎认识不到自己的行为是不正当的。

这种虚荣心绝不会对公司的发展有益。如果想获得肯定与赞许,必须摒弃只顾个人利益的自私思想,认真想想自己能为集体做些什么。

如果在一个集体中,无论做什么事情都会出现想方设法占上风的人,那么这就不是个人问题了,而是形成并助长了

第一部分　关于领导力的独白

不良竞争的集体风气问题。工作成果不是"我"的功劳、业绩，而应该是"我们"共同的成就。

因此，领导者要帮助大家认识到，无论什么工作，都是团队作战，工作不是竞争，而是合作。

有时候，并非团队每位成员的名字都能呈于幕前，为人所知。如果领导者认为这是理所当然的，并且说："有没有名字不重要，做出贡献是最重要的。"那就大错特错了。

领导者必须做到对每个下属的贡献程度心中有数，并且不要忘记对下属做出的贡献表示感谢。下一讲，我们将继续探讨从事领导工作的禁忌。

第24讲 不把过失归咎于下属

在依靠奖惩进行教育的环境中长大的人,进入公司后,会时刻关注领导者的脸色。

他们会进行这样的权衡:与其自己做决定导致行事出现过失,并因此受到领导者斥责,不如什么都不做。如果领导者再施加些压力,下属不听话就会遭到排挤,那么即使违规违纪,他们也会对领导者言听计从。

赞美式教育也是有问题的。三木清曾经说:"驾驭下属最简单的方法,就是灌输给他们出人头地的思想。"(《人生论笔记》)

对下属强调出人头地是人生大事,并用升迁做担保进行暗示,下属会对领导者唯命是从。

有些领导者会觉得,下属遵照自己的意愿行事是件好事。这里我想探讨一个问题,如果下属完全按照领导者的指令行事却出现了失误,那么领导者应做何反应。

上一讲，我们探讨了领导者侵占下属功绩的问题。这就好像孩子取得成功时，父母觉得那是自己的功劳。其实，孩子成功靠的是自己的努力，并不是父母的功劳。

同样，当孩子惹祸的时候，这些父母也认为错误在于自己，这也是不对的。

不可否认，父母对孩子会产生一定的影响。但是，孩子并不是受父母操控的拉线玩偶，就算孩童时代很听话，他们长大后也会完全脱离父母的约束，实现自立。

孩子无论成功还是失败，最根本的原因都在于自己，孩子的所作所为并不是父母决定的。

虽然父母对孩子的影响非常大，但是孩子接受的教育不仅仅来自父母。长大成人之后，孩子的过错不是父母的责任。

在职场中，如果下属遵照领导者的指示行事却出现了失误，或者是领导者授意下属做的违规违纪行为暴露了，有的领导者就会将责任全部推卸给下属。这与刚刚提到的把孩子的所有问题都归咎于自己的家长完全相反。但是，领导者这样做合适吗？

第24讲 不把过失归咎于下属

首先，下属之所以会出现失误，是因为领导者的指导有问题。对自己的指导责任避而不谈而去责怪下属是很荒谬的。

在违规行为被发现后，领导者将责任归咎于下属，推脱说"这是下属自作主张"，这就非常恶劣了。当然，下属不加质疑地接受了领导者的指示，也是有责任的。但是归根结底，如果领导者没有授意，下属就不会出现违规行为。

当领导者的禁忌，就是将责任转嫁给下属。嘴上承诺着"责任在我"，实际上却不承担责任的领导者，不可能获得下属的支持。领导者的口头承诺，无非是在耍赖："我确实说了责任在我，但我并没有说要承担这个责任。"

下一讲，我们将谈一谈职场的气氛。

第25讲 改变氛围的勇气

我因为做企业培训,有机会拜访很多公司。我发现,每家公司都有自己独特的氛围。

在培训演讲后的提问环节,有些公司的员工会看着领导者的脸色,犹豫是否要举手提问,有一种受约束、受管制的氛围。相反,在有些公司,无论领导者还是员工都能积极提问,自由讨论,整个公司是一种放松自由的氛围。

公司的氛围或者风气并非自然形成且一成不变的,而是人为造成的,也有人认为它不可能改变。还有人认为,与个人相比,应该优先保证集体的主体性。那么,职场氛围果真无法改变吗?个人必须服从集体意志吗?我们需要认真思考这些问题。

在个人入职以前,公司业已存在。因此从时间上看,公司的存在在先,个人的入职在后。

但是，在自己成为公司一员的瞬间，公司就不再是自己入职以前的那个共同体组织了。

为什么这么说呢？我们把问题简化一下来考虑就容易理解了。大家知道，最小的共同体组织是由"我"和"你"构成的，这个组织在"我"和"你"认识之前是不存在的，两人认识之后才得以成立。

由两个人构成的共同体组织与由多人构成的共同体组织，其本质是一样的。也就是说，只要有新人加入，在加入这一瞬间就形成了全新的共同体组织，旧的组织不复存在。

同理，公司的氛围和风气也会随着新人的加入发生变化。

哲学家串田孙一做过这样的分析：在即将下课前，老师一般会问学生们是否有问题，这时学生们是不会提问的，在这时举手提问会招致大家的反感，因为老师很有可能因为回答问题而拖堂。本来没人提问的话是可以提前下课的，但是因为有人提问，下课铃响了大家也不能离开教室。(《丛林中的莫扎特》)

在这时举手提问的人，大概会被认为是"不识相，不懂察言观色"。但是，如果这个问题不仅对自己有益，同时也能让大家受益，就算不容提问的氛围再浓，就算临近下课，也应该把问题提出来。

　　一般来说，这类"氛围"通常不是"鼓励"而是"阻止"个人的言行。因此，与氛围相抗衡确实不易。

　　但是，就算公司的氛围或风气看起来不可撼动，难以依靠一己之力去改变，如果有人敢于顶住氛围的压力，拿出勇气该说就说、该做就做，那么公司的氛围就一定能够得到改变。而最快最有效的方式，就是领导者率先做出努力改变公司的氛围。不过这种改变也容易导致独断专行，因此需要听取下属的意见，先探讨清楚公司的氛围是否存在改善的余地。

在局势难测的特殊时期，领导者能做的事、该做的事、不能做的事

CHAPTER 3
第3章

第26讲 决断的勇气

新冠肺炎疫情的发展趋势难以预测,很多人为此感到不安。

面对史无前例的紧急事态,我们现有的知识和经验难以发挥作用,如同在黑暗中摸索前行,难免陷入不安。不仅领导者,下属也一样感到不安。下面,我们将探讨在目前的特殊情况下,领导者能做些什么,应该做到什么。

其实,恰恰在无可借鉴经验、无法预测的危机来临的时候,才是发挥领导才能的最佳时机。

打个比方,如果是提前准备好的问题,谁都能高质量地回答。对于现场的即兴提问能够从容应对、对答如流的人才是真正有实力。因此,也正是在无法预测未来的情况下,领导者才能真正发挥出自己的实力。

要注意,发挥领导才能如果用力过猛,会

第 26 讲 决断的勇气

导致独断专行，出现误判。相反，优柔寡断的人会丧失作为领导者的自信。

这两种类型的领导者，都过于在意别人的看法，在意大家是否认可自己这个领导者。阿德勒说过："总是忙着思考别人对自己的看法，总是关心自己给别人留下的印象。这种生活方式极大地限制了他的行动自由。"（《性格心理学》）

所谓"极大地限制了他的行动自由"，具体来说，是指在前景不明的情况下，本应专心思考如何保护好下属。但是，如果过于在意别人的看法，就会忽略必须做到的事情，错失决断的最佳时机。说到底，这种领导者在意的只是自己。其实，对于领导者的真正关切，下属都看在眼里。

因此，领导者应该具体做到以下几点。

首先，由于面临的是毫无经验、无法预测的事态，领导者要倾听下属的意见，在做决定的时候要咨询相关专业人士，决不可独断专行。

其次，即使出现了业绩恶化等令人不安的情况，也要将相关信息公开，绝对不能隐瞒事实。一旦封锁消息的事态暴露，就会失去下属的信任。当前最重要的是获得下属的信任与帮助。相信下属也不会认定目前的困境都是领导者的责任。

再次，领导者一定要有勇气做出决断，同时有勇气在判断失误的时候迅速承认错误，犹豫不决只会被认为是在逃避责任。

最后，有些事情根据逻辑推论就能够做出判断，不必一味地等待专家的意见。即使是上级下达的指令，也要考虑一下是否确实合理并且有绝对的必要，这是领导者需要做的工作。单纯地贯彻执行上级的命令，也会失去下属的信任。

第 27 讲　不敢做出决断

　　无论什么事，做出决断都是十分困难的。

　　明明知道任其发展势态会愈发恶化，必须当机立断，但是真到决断的时候还是犹豫不决。

　　做决断之所以困难重重，最大的原因就在于决断意味着承担责任。尤其是在无前车之鉴的状况下，任何决断都难以保证是稳妥可行的，因此让人愈发犹豫不决。

　　不过，如果毫无悬念地会出现理想的结果，也就不需要"决断"了。

　　有些人会因为害怕失败，不敢承担责任，难以做出决断，到了危急关头实在拖延不下去的时候，已经错过了最佳处理时机，事情已无法挽回。

　　那么应该怎么办呢？

　　首先，不要害怕承担责任。

第一部分　关于领导力的独白

阪神大地震时发生过这样一件事。灾后避难所面临很多问题，其中之一就是没有浴池（日本人习惯每天泡澡，没有浴池不能泡澡是非常难熬的）。于是有位医生考虑在体育馆搭建简易浴池。

不过这件事必须获得批准，这位医生实在难以忍受烦琐的审批手续和漫长的等待，于是在未获批准的情况下，他就开始搭建浴池了。

事后我问他，这么做不怕被追究责任吗？他说，自己本来就是以志愿者身份来避难所参与医疗工作的，如果被追究责任，辞职就是了。

首先，没有先例也就意味着没有规定，遇到怕承担责任而刻板地照章办事的人，我们也不能事事听命，要据理力争。

其次，要当机立断。

"我知道现在应该立刻做决定，但是……"这句话说出来，其实已经不是在犹豫是否要做决断了，"但是"这个词一出口，就是在表达"不做决定"的意思。

英语中有句谚语："Look before you leap"（直译是先看清楚再跳，即三思而后行）。意思是为了避免失败，要慎重行事。但是，过分慎重也会错失良机、一事无成。有些时候，我们反而应该"不看就跳"（Leap before you look）。

当然，"不看就跳"很可能出现失误。这时候领导者不要怕被抱怨朝令夕改，一旦发现错误立刻收回成命，重新做决断就是了。

哲学家鹤见俊辅就说过，不要被"一言既出，驷马难追"的武士道式的正义感束缚。（《想让未来发生的改变——鹤见俊辅对谈集》）

优柔寡断固然成问题，但顽固地坚持错误决断是更大的问题。

危急时刻，领导者需要做出确切的决断；同时，也要诚恳地接受批评，勇于做到"言可出，亦敢改"。

第28讲　不要惧怕改变

上一讲谈到，领导者之所以不敢做出决断是因为需要负责任。害怕承担责任的领导者都希望尽量避免自己去做决断。的确，领导者不能仅凭一己之见就做决定，应该和下属商量，但是，责任最终还是必须由领导者来承担。

下面，我们来探讨不敢做出决断的另一个原因——惧怕改变。

只要决定了做什么事情或者不做什么事情，情况就会发生一定的变化。情况一旦发生变化，就无法预料下一秒会发生什么。这样一来，就难以维持已经形成的日常秩序，不可能再无功无过地平稳度日了。

事实上，无论你多么惧怕改变，这个世界和我们自己都在不断地发生变化。

古希腊哲学家赫拉克利特说过："人不能两

第28讲　不要惧怕改变

次踏进同一条河流。"河流在不停地流淌，今天浸湿双脚的河水，明天已不知流到了哪里；而明天的自己也不再是今天的自己。周围的世界也与我们自身一样，都不可能永远保持不变。变化是不可避免的。

而且，身边发生的事情也给我们带来了各种变化。

对于身染疾病的患者来说，明天的到来并非必然。他们明白，身体健康时描绘的人生图景，恐怕是难以实现了。

既然如此，我们只能顺应世界发生的剧变继续生活。虽然新的生活方式会存在各种未知数，我们甚至无法预测下一秒会发生什么。但是，在这个时候，不能因为不方便，就固执地坚持原来习惯的生活方式，工作方式和经营方针也是一样的。

为了迅速适应变化，要敢于改变既定的目标。无论如何也不能改变既定目标，囿于这一坚持，就无法妥善地应对变化。

乘坐飞机时，如果一切顺利，人们甚至感受不到正在空中飞行。但是，目前的状况就像是飞机被卷入紊流，很可能需要改变原定的着陆机场。虽然这样做也要承受巨大的风险，但是为了生存下去，决计不能墨守成规。

现在要考验的，正是领导者的勇气。

关于领导力的个人经历

第二部分
PART 2

作为一名家庭成员、一名职业人以及一个人，我所学到的东西。

笔者在《日经领袖》杂志上发表连载文章之后，从 2019 年 12 月开始，又面向杂志读者群的管理者进行了一系列演讲。本书第二部分是对这些演讲的总结与整理。在第二部分，笔者结合自身经历，进一步论证阐述关于领导力的主张。

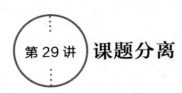

第29讲 课题分离

"课题分离"是阿德勒心理学中的一个名词,这个词中的"课题"是指,某件事情的最终结果会落在谁的身上,谁会因此而感到困扰。当我们考虑清楚某件事情的最终责任该由谁来承担的时候,这件事情的课题归属也就一目了然了。

拿我们是否被人讨厌这件事为例,别人怎么想自己或者如何评价自己,这件事是对方的课题,而不是自己的课题。

这种事不是自己能决定的。无论本人如何主张自己是优秀的,都会有人接受有人不接受。同样,无论自己如何努力,也一定会有人不予认可。

我们要仔细地划分好课题。既然无法控制别人对自己的评价,那么这件事就只能交由对方决定。

第29讲　课题分离

举一个简单的例子，假如孩子不爱学习，那么孩子学习或者不学习，这是谁的课题呢？如果他不认真学习，成绩就会下降，考不上理想的大学。这件事的后果最终会落到孩子身上，责任只能由孩子自己承担。

几乎所有人际关系中的矛盾，起因都是干涉了别人的课题，或者是自己的课题被别人干涉。

从孩子的立场来说，没有哪个孩子会认为"不用学习"。实际上，他们也认为应该好好学习，也想尽量多学习，想提升成绩，想上自己憧憬的大学。

但是，孩子的烦恼往往是："虽然也想学习，但是学不下去""总是难以集中注意力，所以成绩上不去"。对于这些孩子，家长们往往粗暴地干涉他们的课题，不断地催促说"要好好学习"。这个训诫本已是孩子认定的真理，说出来只会让人觉得大而无当、毫无意义，反而让他们无法接受。因此，要避免人际关系中的矛盾，最简单的方法就是坚决不去干涉别人的课题，这是我们唯一能做到的。

我曾常年从事心理咨询工作，很多前来咨询的父母们会说："放手不管的话，孩子的成绩不就退步了吗？"要注意，即使成绩退步了，苦恼的也是孩子而不是父母。学习或者不学习是孩子的课题，对此，父母不应多管闲事。

如果父母实在想管，也不是没有方法。比如，可以这样说："最近看你好像没怎么学习，咱们谈一谈好不好？"

听到这句话，孩子或许会说："别管我。"这时父母不要气馁，可以继续这样说："我感觉情况可能没有你想象的那么乐观，如果你有什么事情想商量，可以随时来找我谈。"把这些话告诉孩子，之后就等着孩子主动来找你说："最近学习成绩上不去，不知道该怎么办。"

我的一个朋友有个上初中的女儿。有一天，女儿放学回家时看起来情绪非常低落，朋友知道女儿一定是在学校和同学闹了矛盾。往常这种时候，朋友会询问女儿"你怎么不高兴了"或者"发生什么事了"。但是这一次，朋友想起了我说的话，便对女儿说道："有什么妈妈能帮到你的吗？随时跟我说啊。"

于是女儿回答道："嗯，是有点事，不过不用管我。"其实孩子也不喜欢父母像审问犯人一样对自己刨根问底。朋友的女儿当天什么都没有说，但是第二天放学，她高高兴兴地回到家，主动汇报说自己已经和吵架的同学和好了。我的朋友告诉我，虽然自己什么都没有做，但是知道孩子自己解决

第29讲 课题分离

了自己的课题,感觉非常开心。

那么,下属的业绩提不上来,或者工作总是出现失误,这究竟是谁的课题呢?理论上讲,是下属的课题。这和孩子不爱学习一样,下属的过失不是领导者的课题,而是他自己的课题。

但是,这套理论在公司中行不通。领导者和下属的关系并不像父母和孩子那样简单,因为下属的过失必定会对整个组织的利益造成损害。在职场,领导者不能一直等着下属主动汇报问题或求助,而要积极地与下属沟通。毋庸置疑,领导者自然能帮助到下属,也必须帮助到下属。

如果下属在工作中总是出现失误,那么这就不再是下属的课题,而是领导者的课题了。领导者必须认识到:"身为领导者,这是我的责任,是我的指导存在问题。"

我当过很多年的老师。当学生的成绩总是没有进步的时候,我就会反省,自己的教学方法存在什么问题。只有这样想,才能努力推敲自己的教学方法。如果有必要,我还会直接和学生沟通,了解自己什么地方没有讲明白,平时的教学方法哪里存在问题。于是,学生的成绩得以不断提高。

我在奈良女子大学教授过古希腊语,每周上一次课,学生们从 4 月开始学习字母，到 11 月就已经能阅读古希腊语的原著了，比如柏拉图用古希腊语写的对话篇《苏格拉底的申辩》。

我自己学习古希腊语时，到达这种程度花费了三年时间，但是我的学生仅仅用了八个月就能进行阅读。究其原因，是她们的老师比我的老师要优秀。

身为领导者，不能置身事外，不能将责任推卸给下属。无论遇到什么样的下属，领导者都要考虑"我有没有什么能够帮到他的"。如果不这样做，就不可能推动组织实现良性发展。

第30讲 只有认为自己有价值时才能鼓起勇气

阿德勒说过:"只有认为自己有价值时才能鼓起勇气。"

但是在现实中,对自己持消极评价的人不在少数。例如,"我这种人是微不足道的""我也没什么优点",甚至有人会觉得:"如果没有我,这个集体会做得更好。"

阿德勒所说的勇气,指的是参与人际关系中的勇气。为什么参与人际关系需要勇气呢?这是因为有交际就一定会产生摩擦。在人际交往中,我们难免会经历被厌恶、被憎恨或是被背叛的遭遇,并因此受到伤害。

可是,也只有在人际交往中,我们才能体验到人世间的喜悦和幸福,这是不争的事实。如果你想要收获幸福,就必须承担受伤害的风险。所以说，参与人际关系是需要勇气的。

那么，这种勇气与自我价值又有什么关系呢？当你认识到自己的价值，必然会进入人际关系。换句话说，有自信的人会主动参与人际交往。

比如，有了喜欢的人就会想要去表白。因为想倾诉自己的感情，所以想要坦白地说出自己的心意。这时，自信的人就会果断勇敢地去表白。

但是，表白之后很可能被对方拒绝，甚至会遭到对方的打击，比如，"我从来没在意过你""我从来没有发现过还有你这个人"等。所以，有的人决定保持沉默——与其受这样的伤害，还不如不表白。这样的想法也是可以理解的。

在这种情况下，"自己没有价值"就会成为不去表白的理由了，甚至会产生这样的想法："我这种人也没什么吸引人的地方，谁愿意接受我的感情呢。"但是，不试着说出来又怎么会知道结果呢？也许表白之后对方就会接受。

在我25岁那年，母亲因为脑梗死病倒，与病魔抗争三个月后，母亲去世了。此后只有我和父亲两个人一起生活。仅仅和父亲同处一室，我已经觉得仿佛空气都在颤抖，每天都过得非常紧张、压抑。

第30讲　只有认为自己有价值时才能鼓起勇气

当时，我有一位女友，并且已经考虑要和她结婚。当时我想，如果结婚，两个人的生活就变成了三个人的生活，状况也许就能有所改善。当然，我并不是抱着这个目的去结婚的，但是这也确实是我决定结婚的契机。当我鼓起勇气向女友求婚时，没想到她竟然接受了。她就是我现在的夫人。

人生中不乏这样的经历，不尝试就不知道结果。如果不敢承担风险，就不可能获得幸福。所以，我们一定要认识到自己的价值，要对自己有信心。

第31讲 斥责的弊端

在上一讲我们分析得知,想要参与人际关系,认识到自己的价值十分重要。因此,领导者必须帮助年轻人看到自己的价值。否则,他们就难以拥有全力投入工作中的勇气。因为他们还没有加入人际关系中的勇气。

发现自我价值并不是一件容易的事,因为大多数人的成长伴随着斥责和表扬。

一般来说,当下属工作出现失误时,领导者就会训斥下属。这时,如果领导者只是就事论事指责错误,下属也无可辩解。但是领导者往往会翻出旧账:"到什么时候都没有长进,什么工作交给你都得搞砸。"

遭到这样的斥责,下属就会失去对自我价值的认可。不仅如此,他们还会以看不到自我价值为借口,愈发不努力工作。因此,斥责有很大的弊端，它会让人认为自己没有价值。

下面具体分析斥责的几个弊端。

斥责的第一个弊端是，斥责会疏远人际关系中彼此的心理距离。就像我们用望远镜的反面来观测物体一样，原本近在眼前的人会看起来十分遥远。

因此，先严厉斥责年轻人，使他们在心理上产生疏远感之后再去帮助他们，这样的工作方式是不对的。领导者对于知识和经验都尚有欠缺的年轻人，本应多多指教，积极帮助他们。一旦因斥责产生了心理距离，一切教育指导都是无稽之谈。这是斥责的第二个弊端。

斥责的第三个弊端是有效性问题。斥责确实会立即产生效果。假如现在有一个年轻人行事不妥当，厉声训斥会让他马上停止不当行为。但是，他一定还会重蹈覆辙。也就是说，斥责的方式仅仅有即时性效果，却不会真正有效。

另外，下属被训斥之后，表面上会变成一个"好"人，也不再会犯什么大错误。但是没有过错的同时，他们也失去了创造力，绝不会有意愿去尝试创新。

他们从此只会看着领导者的脸色行事，决定行动的标准也取决于是否会遭到领导者的斥责，由此失去自我判断能力。因此他们肯定不会出现大的失误。但是，谨小慎微会让他们成为格局很小的人，这是一个非常严重的问题。

我在大学时加入了管弦乐队。记忆中，每天去学校与其说是去学习，不如说是去练习乐器。我当时是吹圆号的，这种乐器吹奏起来很难，而出现失误的最大原因就是压力。心里一紧张，要么跑调，要么发出奇怪的声音。可以说，演奏会上听到的不和谐的奇怪声音，通常都是圆号发出的。所以，我看到指挥挥动指挥棒就会感到紧张。

对我来说，理想的指挥是不会让我意识到他的存在的。即使指挥在场，所有乐队成员依然能够自由地进行演奏。如果能有这样的氛围，那么演奏者就能各尽其能，呈献一场高质量的演奏。作为领导者，即使有优秀的领导力，如果只是一味地吹毛求疵、指责错误，就会让下属灰心丧气，失去自信。这样的领导者不可能培养好下属，带领他们进步。

不少人会质疑："那不就是放任不管吗？"当然，必要的指点必不可少。放任不管肯定是不对的，但是没有必要斥责，心平气和地进行指正就足够了。我认为，如果清楚明确地给年轻人进行讲解、说明，他们是能够接受的，而发脾气训斥，会让他们产生抵触情绪。

第 31 讲 斥责的弊端

我想，大家一定愿意培养虽然偶尔犯错，但是能够独立思考行事的下属，也一定愿意和敢于指出领导者错误的下属一起工作。

虽说经历失败会让人有所收获，但是反复失败不是一件好事，必须想办法避免重蹈覆辙。

下面我想和大家分享的，是发生在我家的一件事。我儿子两岁的时候，有一次他端着牛奶杯子走了起来。两岁的孩子根本走不稳，所以大家一定能想象到接下来会发生什么。这时候，大多数家长会立刻大声提醒："坐下来喝牛奶！"

当时我是这样处理的。我看着儿子想："杯子里的牛奶不是滚烫的，打翻了也不会烫伤。另外，如果是玻璃杯，打碎了可能会受伤，但这是塑料杯，就算掉在地上也不会摔破。嗯，没关系。"我正这样想着，下一秒钟牛奶就洒在了地上。因为孩子并不是故意淘气洒了牛奶，所以这算是一次"失误"。

我没有训斥儿子。不过我应该对他说什么呢？我只是问了他："你觉得现在应该怎么做呢？"假如孩子不知道如何回答这个问题，我自然也想好了怎么去指点他。但是儿子稍稍想了一下后回答我说："用抹布擦干净。"

失败后承担责任的方式有三种，用抹布擦干净是其中之

第二部分　关于领导力的个人经历

一。就这样放着不管肯定不行，必须尽可能恢复原状。儿子是这样回答的，所以我让他自己拿抹布擦干净了。

第二种方式是，向因自己的失败而受到伤害的人道歉。这在职场中十分常见。不过就我儿子的这件事来说，我并没有受到伤害，所以不存在这个问题。

第三种方式是，想办法避免重复失败。因此我问儿子："以后喝牛奶的时候，怎么做就不会洒出来了呀？"孩子会怎样回答呢？他想了一下说："以后我坐着喝。"这应该就是正确的回答。于是我对他说："以后要坐下来喝哦。"大家可以看出来，其实我一点也没有训斥孩子。但是，即使没有训斥，孩子也很好地承担了责任。

和下属的关系也必须像这样处理，斥责没有任何意义。另外，如果家长替孩子擦干净打翻的牛奶，也一样没有任何意义。孩子只会意识到："不管自己做了什么事，家长都会帮我收拾烂摊子。"这相当于教会了他们不负责任。因此我认为，身为领导者，一定要时刻反省，自己在训斥下属的同时，是否也教会了他们不负责任。

阿德勒心理学认为，斥责是一种有目的的行为。我们一般会认为，因为下属失误了，所以训斥了他。事实并非如

第 31 讲　斥责的弊端

此，对下属发火训斥肯定都有一定的目的。

领导者提高音量，无非是想让下属听自己的话。但是，这样训斥下属，他们只会带着抵触情绪勉强服从。其实，如果想让下属理解自己的想法并付诸行动，领导者完全没有必要使用斥责这种情绪化的方式。

那么，可以使用什么方式呢？具体来说，就是拜托。请各位一定试一试这种方法。不要使用命令语气，比如"你去做……"就属于命令。就连"请你……"这种不给对方留下回绝余地的说法都属于命令。因为这种说法虽然语气比较缓和，但是对方其实很难拒绝。

不用命令的语气去拜托别人做事有两种方式。第一种方式是使用疑问语气，比如"你可以帮我……吗？"。这种说话方式给对方留下了回绝的余地，对方听到这样的说法，会心情愉快地倾听你的请求。

第二种方式是使用假设语气，比如"如果你帮我……就真帮了大忙啦""如果你……我真的太高兴了"。这也让对方拥有了回绝的余地，而且他们会很乐意倾听你的要求。

实际上，这些方式在与孩子的相处中是很常用的。我在三十多岁的时候，曾经接送孩子上幼儿园。有一次，在幼儿

第二部分　关于领导力的个人经历

园接到儿子之后，顺便去超市买东西。

我其实是最不愿意和孩子一起购物的，因为谁也想不到他会制造什么麻烦。比如到了零食区，孩子就会哭闹着说"我要这个"。小孩子是很聪明的，他们知道家长就算生气了，说"不要你了"转身就走，也不会真正丢下自己不管。所以他们会不达目的不罢休。最终，家长会因为怕在公共场所太丢人而向孩子妥协，给他们买下零食或者玩具。

这一次我想好了，孩子要什么就给他买什么。因为根据我的经验判断，那天我是肯定拗不过孩子的。但是有一点，如果屈服于孩子的哭闹而满足他的要求，那么他们今后还是会重复同样的事。于是我对孩子说："你不要哭，你可不可以心平气和地请求我给你买东西。"听到这话，孩子不再哭了，他说："如果您可以给我买那个点心，我会很开心。"所以，只要教给孩子这样的说话方式，他们都能做得到。

重要的是，大人平时也要做到避免情绪化。在职场中与年轻人相处也会发生类似的事情。如果领导者能够控制自己的情绪，下属的表现也会有所改变。在需要与领导者沟通、提出要求的时候，他们就能做到不再观察领导者的脸色，不再小心翼翼，而是清楚明确地向领导者说出自己的意见。

第31讲 斥责的弊端

为什么领导者会情绪化地对待下属，对他们发脾气呢？这是有原因的，自知工作能力不足的领导者，会希望在工作以外的地方找到超越下属的优越感。

对此，阿德勒使用了"分战场"（又称"第二战场"）这个词，即工作场合是"第一战场"，也就是主战场，与之相对应，非工作场合就是"分战场"。领导者应该在工作上有能力、有建树，这样自然会得到下属的尊敬。

但是，有些领导者没有自信，认为"因为自己不够优秀，所以下属好像不太尊敬自己"。在这种情况下，他们会做什么呢？他们会把下属叫到"分战场"训斥一顿。阿德勒将这种现象称为"价值贬低倾向"。领导者不是通过建设性的努力提高自己的价值，而是抓住与工作毫无关系的事情，用蛮横无理的方式斥责下属，让他们垂头丧气、战战兢兢，借此贬低下属的价值，从而相对地提升自己的价值。

阿德勒认为这就是斥责的目的。如果领导者经常不讲道理地斥责下属，大抵可以判断他没有能力——没有工作能力，我想下属也是这样认为的。

我相信大家都不希望下属这样看待自己。所以，作为领导者，不能蛮横无理地训斥，在任何场合都不能发脾气、感

第二部分　关于领导力的个人经历

情用事。我想，对于出现失误的下属，不要情绪化地斥责，必要时应该指点他们，好好教给他们应该如何改进工作，并要求他们自己承担责任。如果能够做到这些，职场的氛围一定会发生明显的改变。

从下属的角度来看，被领导者斥责也能够实现自己的目的。按理说，即使经常出错的员工，只要努力学习也能够进步，而不会一次又一次地反复出错。那么，为什么有的员工会重蹈覆辙，不断受到训斥呢？这是因为，他们内心希望，虽然工作上不被认可，但是至少可以用挨骂的方式得到领导者的关注。与其被冷落，还不如受训斥，也算是博得关注了。

被领导者斥责能够实现的另一个目的，是逃避责任。有的下属被领导者训斥之后就有了借口："其实，当初我觉得领导者的做法有些不妥，但是我太害怕他了，所以什么都没敢说。"

第32讲 夸奖的弊端

看了上一讲的分析,大概很多人会说:"不能斥责,那么就夸奖吧。"的确,现在无论是子女教育还是在职场上,赞美式教育几乎成了共识。

我现在做心理咨询的机会不多,偶尔会遇到来做心理咨询的客人带着孩子一起来的情况。有一次,一位女士带着三岁的孩子一起前来咨询,之前她一直是一个人来的。她对我解释道:"今天没有人帮我照看孩子,所以带着他一起来了,麻烦您了。"于是,我给这个孩子搬来一把和他母亲一样的椅子,让他坐了下来。

心理咨询一般需要一小时左右。母亲担心孩子很难老老实实地等一小时,于是在他的背包里装了零食和玩具,还有他心爱的玩偶,打算在孩子坐不住开始撒娇的时候拿出来哄哄他。

以我的经验来看,三岁的孩子已经能够理

第二部分　关于领导力的个人经历

解自己身处的状况,他们绝对可以等。但是,如果家长认为"这孩子等不了",那么孩子就会做出一些等不了的举动,比如撒娇、抱怨、哭闹,来烦扰家长。相反,如果家长相信"孩子一定能踏实地等着",孩子就能做到。

那个孩子没有闹,乖乖地等了一小时,直到咨询结束。想来也许这是他第一次做到这一点,回家的时候母亲对孩子说:"你真棒呀,乖乖地等了这么长时间。"这个故事先讲到这里,请大家记下这个场景。下面再来说另一个故事。

我的另一位前来进行心理咨询的客人是位男士,患有抑郁症。在咨询时不太爱说话,声音也不太有力量。有一次,咨询结束后我问他:"您今天是怎么来的?"他回答说:"我妻子开车送我来的,她在下面的停车场坐在车里等着我呢。"听到这里,我对他说:"这样的话,下次做咨询的时候,您可以让您夫人进来陪着您。"于是下一次,这位男士和妻子一起走进了咨询室。

咨询结束的时候,丈夫没有对妻子说:"你真棒呀,乖乖地等了这么久。"如果他这样说,妻子一定会觉得是在嘲讽自己。在我看来,夸奖就是使人降低自我价值认可度的一种行为。

第32讲 夸奖的弊端

之所以会对孩子说"你真棒",是因为觉得他们肯定等不了那么久,对于孩子能一直乖乖地等着感到出乎意料,因此会对他们说"你真棒"。

无论斥责还是夸奖,从人际关系的构成方式来看,都不是横向关系,而是纵向关系。阿德勒早在1920年就明确指出:"一切人际关系的构成方式,都必须是横向的关系。"阿德勒心理学认为,在夸奖行为中,双方并不是对等的关系。夸奖是有能力的人对没有能力的人,即自上而下做出的评价。

无论是谁,即使是小孩子也不愿意在人际关系中被置于低下的地位。因此,夸奖下属并非明智之举。因为这意味着:"尽管你没什么能力,但是完成得还不错嘛,很棒呀。"这便形成了纵向的人际关系,也就是上下级关系。我想,听了上面的分析,各位应该不再想去夸奖别人了吧。

如果不认可自身价值,就不会拥有参与人际关系以及努力投入工作的勇气。在这一点上,夸奖只会产生消极的效果,大家还是不要采用这种方式了。

另外,夸奖之后,被夸奖者就会以此为标准来决定今后的行动。从这个意义上讲,我认为夸奖也有着与斥责相似的弊端。

这个弊端就是,如果没有夸奖就不会采取应有的行动。

第二部分　关于领导力的个人经历

下面讲一个在某所小学里发生的事。有个小男孩在楼道里看到掉落的垃圾就捡起来扔进垃圾箱。这当然是一件好事。不过，如果这是一个接受赞美式教育长大的孩子，他会在那一瞬间观察周围，确认有没有人看到自己把垃圾丢进垃圾箱的行为，如果没有人会看见，就置之不理；但是如果发现老师正在看着，就会愈发积极地捡起垃圾扔进垃圾箱，并期待着受到表扬。

有位老师看见了孩子捡起垃圾扔进垃圾箱的一幕。放学后在班会上，老师对同学们说："今天，我在楼道里看见有位同学把掉在地上的垃圾捡起来扔进了垃圾箱。我本来想立刻对他说'谢谢'，但是转念一想，在没有人看到的地方自觉地把垃圾捡起来扔进垃圾箱，能够这样做的可能不只是这位同学。因此，今天我想对所有把地上的垃圾捡起来扔进垃圾箱的同学表示感谢，谢谢你们。"

回到最初讲的那个故事，对于能够耐心等待的三岁孩子，母亲应该说什么呢？其实，对他说声"谢谢"就可以了。要知道，对他人说"谢谢"是非常有意义的。对此，阿德勒分析道："当感到自己有贡献的时候，就会觉得自己是有价值的。"

也就是说，人们发现自己并非百无一用，而是能够帮到

第 32 讲 夸奖的弊端

别人，这时候就会认识到自己的价值。我相信各位都有这样的体会。因此，我认为"谢谢"是有别于夸奖的一句话。

不去夸奖，而是说"谢谢"，这会让孩子明白："哦，原来我安静地等待一小时，是帮了妈妈的忙。"这就是贡献成就感。有了贡献成就感，就会认可自身的价值，也就能拥有参与人际关系的勇气。帮助他人获取这样的勇气，在阿德勒心理学中被称为"激发勇气"。因此，希望各位能多说"谢谢"。

估计这个建议会遭到反对。关于亲子关系，有的家长会说："我的孩子从早到晚就只会让我生气费心，根本没有机会对他们说谢谢。"职场也一样，有的领导者会说："对于没有经验总闯祸的下属，根本说不出谢谢。"

对此，我告诉各位两个小技巧，关注事物积极的方面，同时努力不去在意事物消极的方面。也就是说，对于同一件事物，可以改变关注角度。比如，念高中的儿子上午九点起床了，这时不要去训斥他："都几点了？"，而应该关注"他起床了"这个积极的角度。当然，我们可能很难想到"孩子健康地活着，真好"，并产生感激之情。但是想想看，如果他长眠不醒，可怎么办呢？这样想来，时间早晚就不再是问题了。不去关注"上午九点"这个消极的部分，而是聚焦

第二部分　关于领导力的个人经历

"健健康康地起床"这个积极的角度,就能说出"谢谢"了。

很多人都没有意识到,其实所有人的行为都会有积极的部分。就算是总犯错误的下属,也按时来上班了,这本身也是值得感谢的。因此,请对他们说一声:"今天也要谢谢你。"

其实,这还是儿子教会我的事情。说起来已经是很久以前的事了,那时儿子还是小学生。有一天晚上,他突然对我说:"今天谢谢您。"我问他:"我也没有做什么事情值得你感谢啊,你为什么要谢谢我呢?"他解释说,也不是因为我陪着他去了哪里,也没有发生什么特别的事情,但是,今天能够和爸爸一起过了一整天,他要表示感谢。

我从未想到"谢谢"这个词还可以用来表达这样的含义。我记得我当时对儿子说:"谢谢你今天教会我'谢谢'可以表达这样的意思。"这是一次不同寻常的对话。总之,不去关注行为,而去关注存在本身,那么对任何人都有说出"谢谢"的理由。

因此,即使是能力不足的年轻人,也对他说一句谢谢吧。一天的工作结束,离开办公室之前,请说一声:"今天谢谢大家了。"不要认为一切都是理所当然的。拜托别人打印文件时,也请说声谢谢。这样做是希望对方能够获得贡献

第32讲 夸奖的弊端

成就感。

拥有贡献成就感，从而认识到自我价值，就有了参与人际关系以及努力投入工作的勇气。这一点，我在文中已经多次强调。如果能够寻找各种机会说出谢谢，职场氛围一定会发生改变。这需要有人率先行动起来，否则是不会有变化的。

下面我想说一说父亲的事情。父亲被确诊为阿尔茨海默病之后，我和妻子在家里照顾他。我会不时地对父亲说"谢谢"，于是，父亲也开始说"谢谢"了。我的父亲生于1928年，过去从来没有对家人说过"谢谢"。

有一天，我给父亲准备了午餐，父亲对我说了"谢谢"，这真的是意外的惊喜。吃完饭后，我帮他撤走餐具，父亲又对我说了"谢谢"。接下来的话更加出乎意料。他说："饭还没好吗？"真是让人哭笑不得，但是他的症状就是这样，也没有办法。这种时候还不能用埋怨的语气对他说话，如果说"不是刚刚吃过吗"，可能会刺激到他，加重他的症状。因此，只需要讲明事实"刚刚吃过了"，就可以了。于是父亲就会说"哦，是这样啊"，就不再说什么了。

无论在家里还是在职场，只要一个人开始说谢谢，那么整个氛围就会发生变化。因此，我强烈建议大家试一试。

第33讲 渴望得到认可

也有人提出了这样的质疑:"我明白对别人说谢谢的意义。但是,也没有人对我说谢谢啊。"这是没有办法的事情。就算对他人说了谢谢,也有可能得不到同样的回应。

各位在家都做家务吗?吃完饭后的收拾整理工作是非常麻烦的,既要洗餐具,还要处理垃圾。家人都已经进入休闲状态,躺在沙发上看电视,有说有笑。在这种状况下,只有自己还在忙着洗餐具,请大家想象一下这个情景。

在这个时候,如果你一边洗餐具,一边想"为什么只有我要做这件事?好烦啊",并且整个人被这种情绪笼罩着,那么家人是不会过来帮忙的。因为你这样做就好像是在昭告天下,自己在受苦,在自我牺牲。

让我们换一个角度。洗餐具是一件能够为

第33讲 渴望得到认可

家人做出贡献的事情，做贡献就可以收获相应的成就感，会感到自己是能帮助他人的。所以，感到有贡献，于是感到有价值，继而拥有了勇气，并能够收获幸福。

"只有我一个人收获这样的幸福，合适吗？"假如你抱着这种心态，笑盈盈地哼着小曲儿，高高兴兴地去洗餐具，那么家里人也许会对你说："这么开心啊！那么我来帮你吧。"当然也可能不会有人对你这样说——大概率不会。

渴望得到认可的愿望在获得贡献成就感时就会消失。如果渴望得到认可，就必然对他人抱有期待，等着别人对我们道谢，而这样的期待往往会令自己失望。身为领导者，请大家不要期待从下属那里得到感谢。如果你决心去关注下属做出的贡献，并对他们说出感谢，或许他们就会模仿你。只要有人率先去做，许多事情就会改变。所以，先丢掉希望获得认可的想法吧。

要想产生为他人做贡献的意愿，就不能把别人当作可怕的人，怀着戒心去看待他人。这里用"可怕的人"这个表述也许不太贴切，阿德勒对此使用了"敌人"这个说法。觉得别人都非常可怕，只要有机会就会陷害我，如果总是这样想，是不可能有意愿去为他人做出贡献的。不做出贡献，就无法获得贡献成就感。

如果你怀有这样的戒心，就需要重新看待他人的言行。不管

第二部分 关于领导力的个人经历

是下属还是领导者，甚至是家人，如果你总觉得别人对自己抱有敌意，请努力去发现他们言行中善良的意图，这一点十分重要。

我和父亲的关系不算好，因此曾经十分痛苦。母亲去世后，只有我和父亲两个人一起生活，我几乎天天和父亲在外面吃饭，不仅花费高，而且附近的餐馆很快就吃腻了。

当时我和父亲都不会做饭。有一天，父亲说："还是得有人做饭啊。"父亲所说的"有人"是不会将他自己包括在内的，所以我将他的意思理解为"你去做饭"，于是我开始尝试做饭。

但是，没有人教我应该怎样做饭，因此我买了一本参考书——《男人的料理》。没想到这是一本在休息时看着玩儿的书，根本不实用。书里介绍了咖喱饭的做法，是那种从炒制面粉开始的正宗咖喱饭的制作。当我按照菜谱的方法花了三小时做好咖喱饭时，父亲回来了。

他尝了一口我花费三小时做好的咖喱饭之后，说了一句："以后别做了。"是不是有点过分？我当时想："我好不容易做好了，为什么说这种话。"如果我不能从父亲的这些言行中看到他的好意，我是不可能愿意为父亲做什么的。

因此，我不能要求父亲做出改变，我只能改变自己。我们无法改变他人，只能改变自己的感受方式和思维方式。责

第33讲 渴望得到认可

备父亲或者和他吵架都没有意义。

于是,我开始思考父亲说这句话的背后是否有他的良苦用心。我花费了十年时间,才真正想通了这件事。当时,我在读研究生,父亲说这句话是想告诉我:"你还得好好学习,所以不要再做这么费时间的料理了。"

父亲的话非常简短,也毫无来由。所以听到他说"以后别做了",我立刻就认定他的意思是"不要再做这样难吃的东西"。随着和父亲的关系逐渐缓和,我终于发觉那时父亲的话并不是这个意思。

因此,想要处理好人际关系,无论是和下属还是家人,都必须看到对方的真实意图。这样做,就会给身边的人,或者说给自己带来勇气,进而认识到自身的价值。对于下属,领导者则可以帮助他们鼓起勇气,积极投入工作。同时,他们也不会再惧怕人际关系,拥有参与人际关系的勇气。

而下属也会看到"这位领导者对于自己面临的需要解决的问题决不逃避",领导者这种勇气也一定能够传递给下属。

所以,作为领导者,不要要求下属做这做那,而要自己拥有直面问题的勇气,并亲自做表率。否则,整个集体都不会发生改变,下属也不会做出改变。

第34讲 关于竞争

无论在工作中还是在社会生活中,我们都会遇到这种人——只要自己合适、自己幸福,为此不惜牺牲他人。遇到这类人,我们应该怎么办呢?

只有彻底摆脱竞争的意识,告诉他们,钩心斗角地超过别人,不择手段地在竞争中获胜,以此证明自己的优秀是完全没有必要的。

我在50岁时得了心肌梗死,接受了冠状动脉的搭桥手术。这是一个大手术,需要全身麻醉,让心脏停止跳动,然后用电锯锯开胸骨,听说有人会因为剧痛在手术期间苏醒。我熬过了这场大手术,术后第三天我就下床走路了。因为需要尽早起来接受康复治疗,这叫作"早期离床活动"。医务人员对我说:"在医院就算摔倒也会有人及时发现,所以要走起来,走起来。"于是,我拼命努力,进行康复运动。

实际上,我每天都得按着胸口忍住伤口的疼痛,蹒跚地练习行走。有一天,我走了60米,而且在这前后的身体检查中没有发现异常,于是第二天我被要求行走了100米,后来逐渐延长到200米。到此为止都是在平地上行走,下个阶段就是上下阶梯。这种康复治疗就是让患者能登上一层台阶,然后回到自己的床上。

阿德勒使用了"追求优越性"这种说法,即成为更好的自己。在康复治疗中,我没有和任何人竞争。不与其他人竞争,努力成为比现在更好的自己。

其中的区别需要解释清楚。不是与他人相比做到更好,而是与自己相比较,努力做到比原来的自己更好。这样的努力是值得坚持下去的。

当然,有些时候,有对手也是一件好事,有一个自己憧憬的榜样也很好。但是,即使是自己的对手,也不要把他当作竞争的对象。只要保全自己就万事大吉是不可能的。就算在自己核爆防空洞中一个人活了下来,当你一个月之后返回地面时,一个人也没有了,还有什么意义吗?

芥川龙之介的一篇短篇小说《蜘蛛丝》讲了这样一个故

第二部分　关于领导力的个人经历

事：在地狱的罪人键陀多想要抓着蜘蛛丝爬上极乐世界，当他无意中向下看时，发现许多罪人也跟在他的身后抓着蜘蛛丝向上爬。他向下面吼道："你们都抓着蜘蛛丝往上爬，蛛丝就会断的。"这一瞬间，蜘蛛丝"啪"的一声断了。这个故事是不是也说明了，一个人只考虑自己的利益，实际上对自己、对集体都是不利的。

第35讲 被讨厌的勇气

有人因为害怕被讨厌,所以想说的话、该说的话都说不出口,这样做会对组织产生负面影响。

我认为,在职场的交流中,无论对方是下属、领导者还是同事,我们应该关注的不是"谁"在说,而是说了"什么"。就算对方是领导者,也要有勇气对他说:"这是不对的。"所谓被讨厌的勇气,就是不害怕别人不喜欢自己。

如果一味地在意他人的看法,那么我们将无法拥有自己的人生。我在韩国演讲时,有位年轻人说:"我虽然有喜欢的人,但不想让父母伤心,所以不能和喜欢的人结婚。"

我对年轻人说:"无论父母多么不乐意,多么烦恼,那是他们的课题,需要他们自己去解决,你没有必要承担,而你获得幸福就是尽到了孝心。"如果不这样做,就不可能活出自己的人生。

第二部分　关于领导力的个人经历

大家必须避免以下两点。

第一，该说的话不说。明明是必须说的话，却明哲保身，保持沉默。我认为绝对不可以这样做。

第二，举例来说，感到婚姻生活不幸福，就把原因归结到别人身上。这非常不合理。既然是自己的人生，只能自己对自己的人生负责。

我以前在大学教授古希腊语。有学生提出："现在用的教材太难了，可以换一本简单点的吗？"我拒绝了。因为不管学生对教材多么不满意，不想使用，我从专业的角度可以断定，这本书是最合适的，无可替代。因此，我不必向学生的要求让步。

但是，对于教学方法，我在新学期开始时一定会和学生们商量，比如是希望采用讲座的方式，老师讲学生听，还是希望一边做练习题，一边穿插讲解语法，采用互动式的教学模式。经过商量，师生达成共识之后，再进行授课。

我认为公司的经营也是如此，一味地无视下属的不满，凭借着"被讨厌的勇气"独断专行，整个组织不可能良性运转。领导者和下属需要充分沟通，妥善决定做出何种程度的让步，以及在哪些方面可以让步。

关于领导力的对话

第三部分
PART 3

想成为更优秀的领导者——与企业领导者的对话。

第三部分收录了笔者于 2019 年 12 月与《日经领袖》的七名读者进行的约五小时的对话内容。

第36讲 脆弱的年轻人和固执的中坚员工

我经营着一家小型公司，对于指导员工感到十分苦恼。新入职的员工经不起打击，很脆弱，在业务往来中被客户拒绝后就会一蹶不振，裹足不前。而对于公司的中坚力量和老员工，我很期待他们能与时俱进，积极变革，但是他们似乎没有这个意愿。我应该如何分别与他们沟通呢？

我认识一个年轻人，四月刚刚进入公司，连五月的长假都等不到就辞职了。他的公司在东京，辞职之后马上就回京都老家去了。

正是在这个时间点，我遇到了他。我问他："为什么辞职？"他答道："天天被逼着挨家挨户上门推销商品。"据他说，领导者嘴上说着"去

第 36 讲　脆弱的年轻人和固执的中坚员工

拿下订单"，实际上他们根本不认为下属能做到。这是公司新职员培训的内容之一。

他决定辞职的另一个原因是："公司的前辈、领导者看起来一点都不幸福。"这似乎是他辞职的决定性原因。

这个年轻人相当有决断力，他想："不能继续在这里干下去了，虽然在这里工作，到三十岁有可能盖起自己的房子，但是到了四十岁，就得给自己修坟墓了。"于是，他迅速辞职了。后来，他的朋友创业，他又来到东京帮朋友做事。从此以后，我再也没有见过他，我想他现在一定做得不错。

对于这样的年轻人，如果我们一概而论地评价，说"现在的年轻人精神脆弱"，恐怕没有意义。在考虑年轻人的问题时，我认为与其分析他们的心理、精神状态，不如思考应该如何与他们进行接触、沟通。对年轻人来说，只是鼓励打气是没有说服力的。另外，故意让他们经历挫折，以此锻炼他们，这种老套的培训方法已经行不通了。

——那么到底应该怎样做呢？

要和他们强调：就算失败了，退回来就好了。决定做一件事情的时候，谁都不知道最终的结果会怎样。因此，一定要告诉下属："进展不顺利的话，随时退回原点，还有别的选择。"

领导者也要解放思想，不能囿于"决定了的事就要坚持到底"的执念。领导者要知道：改变方法、调整方向绝不是丢人的事，是需要勇气的事情。

——职员说"想做"的事情，即使我清楚地知道他肯定做不好，也应该让他去做吗？

年轻人失败之后，如果前辈们表现出"看吧，我就知道你会失败"的这种态度，那么肯定会引发他们的抵触情绪。他们会想："既然知道我会失败，一开始为什么不对我说。"所以，如果你认定他会失败，那么有必要事先把自己的想法告诉下属，可以先委婉地铺垫一句："我说说自己的看法，供你参考。"

然后可以对他说："目前我也难以判断这件事能不能顺利推进。如果进展不顺利，就重新考虑。"这样说，下属就会有勇气随时停下来。假如他真的失败了，也不要对他说"你的想法还是太天真了"，不要抱着这样的想法对待他们。

——所以说，对话还是十分必要的啊。

是的，对话和沟通是非常重要的。与很多人进行探讨之

第36讲 脆弱的年轻人和固执的中坚员工

后，我发现，大家使用语言进行的交流太少了。我认为还是要用语言表达出来，充分沟通，这一点非常重要。

——充分沟通，要做到什么程度呢？

相互理解、达成共识，要沟通到这个程度。不要找借口说"没有时间"。要投入足够的时间，耐心交流，直到双方达成共识，都觉得："如果是这样，就可以做起来试试看。"就算这是一个阶段性的、暂时性的共识也没关系。

这在阿德勒心理学中被称为"约定性结果"，即通过讨论交流预测最终的结果。很多事情一旦发生，局面就难以挽回，这种情况数不胜数。因此，如果能够事先预测，还是要未雨绸缪，防患于未然。

但是，领导者要注意沟通方法和说话方式，比如："这样下去的话，你认为会怎样"，这种话也许会被对方理解为嘲讽、威胁，甚至挑衅。如果你们平时关系就不是很好，对方更会这样解读。因此，平时关系的好坏是决定性因素。

这其实取决于能否认识到领导者和下属绝对不是上下级关系，而是对等的关系。如果是对等的关系，年轻人就绝不会觉得受到了嘲讽或者被试探，也就明白不需要去想那些没用

第三部分 关于领导力的对话

的,那么就能够端正态度,郑重地、坦诚地发表自己的观点。

为此,要经常询问对方:"我刚才的说话方式怎么样?"从而得到反馈意见。不要辩解:"我不是那个意思,没想伤害你""我没觉得这句话有这么严重",说这些都没有意义,对方的理解与感受是最重要的。

我和儿子说话时会经常问他:"我刚才说话的方式怎么样?"如果孩子说:"嗯,一般吧。"那么,我会问他:"是吗,那我怎么说会比较好呢?"像这样进行沟通。

我认为,交流双方要用语言把想法充分表达出来,确认清楚。不过这里的难点是,有些话对这个人说得通,换一个人可能就说不通了。这样的事例也很多。

先讲一个类似的情况。我一直主张:"对于年轻人或小孩,不要去夸奖他们。"对此,经常有人提出这样的问题:"年轻人做成一件出乎我们意料的事情时,不由自主地就说出'太棒了',这也算夸奖吗?"从结论来说,因人而异。有人会将其看作夸奖,也有人不这样认为。

我的女儿最近开始看我写的育儿书,我想这是因为她自己成为了母亲。女儿问我:"书里说'不能夸奖',但是孩子能站起来的时候,我脱口而出了'真棒',这也算夸奖吗?"其

第 36 讲 脆弱的年轻人和固执的中坚员工

实这个判断是很难做的,按理说这个问题应该去问问听话者。

我儿子四岁的时候,喜欢玩组装铁轨的塑料玩具。组装好的铁轨模型非常壮观,铺满了整个房间的地面。妻子看到后对儿子说:"真棒呀。"儿子回应道:"也许大人觉得难,但是小孩子拼起来一点都不难。"说完,就停下了组装。可能他觉得,并没有什么大不了的事情,却意外获得了夸奖,有点不知所措。

虽然我儿子的反应是这样的,但是换一个孩子的话,可能听了这句话会愈发有干劲。所以可以问一下孩子:"刚才我不由自主就说出了'真棒',你听了是什么感觉?"这样做确实很麻烦,但是教育就是需要花费大量的精力,我们不能吝啬这份精力。

刚才的提问还谈到了中坚力量和老员工的问题。虽然希望他们能够与时俱进,但是对方却不愿意改变。

其实害怕改变的人很多,不只是中坚力量和老员工,很多年轻人也害怕改变。因为不知道改变之后会发生什么。不管是新员工还是老员工,如果有人害怕变革,领导者一定要尽可能地给他们做思想工作,解释清楚。简单地认为是老资历、老员工的问题,这样一概而论,我认为是不妥的。

第37讲 如何传达自己的想法

我经营着一家医院，规模不算小。但是作为经营者，我感觉很难让员工理解我的想法，因此感到非常苦恼。

我希望员工能够不断成长并且收获幸福的人生，为了培养人才、促进交流，我进行了很多投资。但是事与愿违，比如我安排了培训活动，觉得一定会对大家有所帮助，但是员工们的反馈却是"没用""太负担了"。

另外，我自以为已经清楚地把想法传达给员工了，但是听到他们说"理念、前景设计不明确""不明白老板在想什么"。

我怎么做才能让员工理解我的想法呢？

我们必须告诉对方我们的想法，但不能自以为是，必须与对方确认；要清楚自己刚刚说

第37讲 如何传达自己的想法

过的话对方理解、接受了多少。

作为经营者，能够收到来自员工的反馈是一件很好的事情。连吐槽、抱怨都做不到的职场是最糟糕的，心里有意见、不满就能说出来，这样的氛围对于职场来说是很重要的，领导者一定要认真倾听这些声音。

如果说自己的一些想法未能很好地传达给员工，那么对于员工的想法领导者一定也有不了解的地方。怎么办呢，我在回答上一个提问的时候也提到了，就是必须尽可能地向对方解释自己的想法。说清楚、说透彻，不要怕花费时间和精力。

在上一个提问中我还提到，领导者和下属的日常关系是很重要的。

良好的人际关系需要满足以下四个条件。

第一，相互尊敬。想一想领导者和下属之间做到互相尊敬了吗？我虽然使用了"互相"这个修饰词，但是领导者应该首先反省：我能尊重下属吗？我有没有接受和认可员工最真实的样子？

第二，信赖，也可以说是相互信赖。这一点当然也要求领导者首先做到信赖下属。

第三部分 关于领导力的对话

这里提到的信赖有两个含义。

一个是"相信下属有解决问题的能力"。比如,要相信即使没有领导者的帮助,下属也能出色地完成自己的工作。

有一位杂志主编说:"截稿日期前看到下属写的稿子,觉着没法用,就重新写了。"这样做,下属是不可能有长进的。不这样做确实有风险,万一赶不上截稿时间就麻烦了。即便如此,领导者也一定要相信年轻人可以圆满完成任务,还要相信,下属为了回应自己的这份信任也一定会努力的。

信赖的另一个含义是"相信本意是好的"。

比如,如果下属当面对你说"我觉得很有负担"或者"我完全不明白您在说什么",你可能会非常不高兴。但是,要相信,下属这样说是出于良好的意图。具体而言,就是要相信"下属是为了公司的利益,才坦率地说出了自己的想法。绝不是对我本人有恶意,不是想给我找别扭"。

第三,相互能交流、有合作。凡事都是领导者拍板,这种自上而下的管理模式是不行的。领导者一定要倾听下属的声音。开始新项目的时候,领导者不要给下属分配任务,而是大家一起探讨、设计方案。如果工作进展不顺利,就停下来重新思考,提出新的方案。领导者和下属从各自的立场出发发表意见，共同推进完成任务。形成这样的合作关系是良好的人际关系的第三个条件。

第四，目标一致。我们这项工作最终的目标是什么？进一步讲，我们这样努力工作、辛勤劳动的目标是什么？如果在这一点不能达成共识，就不可能构建良好的人际关系。

以恋爱关系为例，在大学时代的交往中，不会出现太大的问题。四年过去，快毕业了，这时候两个人意识到各自的家乡离得很远，就需要商量一下今后应该怎么办。

比如，是异地恋还是搬到一起住呢？住在一起的话，住在哪里呢？如果两个人目标不一致，就算之前提到的三个条件都满足，也不可能维持和谐融洽的关系。

如果我们在工作中不能做到目标一致，人际关系就不会融洽。

举例来说，患者和医生之间就很难形成默契的关系。虽然知道医生拥有专业知识，但是患者要做到放心地把自己的身体完全交由医生处置，还是需要时间的。

我在13年前患上了心肌梗死，做了心脏导管手术勉强保住了性命。之后又发现动脉狭窄，第二年接受了搭桥手术。这个手术要求身体绝不能有丝毫动静，因此要暂停心脏的跳动，在拟死状态下进行手术。

对医生来说，这类病症已经医治过多例，这种级别的手术对他来说没有难度。但是对于我这个患者来说，要暂停心脏做手术确实感到非常害怕。在手术当天，早上查房的时候，主刀医生对我说："虽然从你的表情上看不出来，不过我想，你应该感觉很紧张吧！"我回答说："是，很紧张。"说完这句话，我的心情竟然平静了下来。

然后，医生对我说："你可能会害怕，但是我非常自信哦。"手术出现意外，医生是要负责任的，所以医生一般都不会说这样的话，而会告诉患者"谁也不能保证手术不出意外"。然而，我的主刀医生却对我说"我非常自信"。在那一刻，我感到我可以完全放心地把身体交由他来处置。他理解我内心的不安，并且向我展示了他的自信，这对于我来说是极大的安慰。

后来我得知，这位医生给自己的父亲做过心肌梗死的手术，我感到非常意外，我听说医生一般是无法给自己的至亲做手术的，而这位医生却说："给父亲做手术很简单，手术的时候只需要想着父亲就行，但是给你做手术的时候就不一样了，我会想到你的妻子、孩子、父母，所以很不容易。"

第37讲　如何传达自己的想法

起初我以为，在手术的时候，自己的身体是被当成一个"物体"来处置的。没想到，医生始终都没有忽视我是一个特定的"人"，他是在给我这个"人的身体"进行手术。想到这里，我感到非常惭愧。

领导者和下属也是这样，如果对方能够感受到被对等地对待，感受到作为一个特定的个人被看待，双方的立场就不是对立的。

患者和医生虽然立场不同，但目标是一致的，那就是医治好患者的病痛。双方都在为此而努力。

患者也并非什么都没有做，也一直在努力着。在手术过程中，患者虽然是被麻醉的状态，但是他本人希望康复的意愿是不可或缺的，此外身体也必须能够承受那样重大的手术。我在短短的一年间瘦了10公斤，就是因为我知道一年之后要接受手术。人只要动真格去做，就没有什么是做不到的。

对我来说，这次手术毕竟是性命攸关的事，我作为患者在尽力而为，医生则用专业的知识和高超的技术为我做了手术，我们形成了良好的合作关系。虽然角色分工不同，但是人在本质上是平等的，这句话说起来简单，做起来并不容易。

第三部分　关于领导力的对话

另外还有一点，如果被人看作"无所不知"的高人，就很难构筑良好的人际关系。苏格拉底曾强调无知之知、无知的自我觉悟的重要性，即"认识自己的无知就是最大的智慧"。在人际关系中，一旦认为对方是智者，就会无条件地听从对方的判断与决策。这在大多数情况下也就形成了实质上的上下级关系。

就算年轻人将年长者视作引领者，也很难构建良好的人际关系。例如医生，自然掌握专业知识，像我作为心理咨询师也自然拥有相关的专业知识。但是这和人与人之间的关系完全是两回事。就算是拥有专业知识，我也有可能在构建人际关系上犯错误。

就像导管穿过动脉时患者感受到的疼痛和不安，作为医生确实不了解。但能在充分认识到自己的"不了解"的前提下给患者做手术的医生，和对此完全没有意识的医生，在能否与患者构筑信任关系方面会出现较大差异。

一般来说，年轻医生身体健康，也没有生过大病，所以不太会理解随时面临死亡的患者的心情。但是，年轻医生能否意识到这一点，是非常重要的。也就是说，自己对于患者的心情难以感同身受，自己的医治对象是远远年长于自己，

第 37 讲　如何传达自己的想法

和父母年龄相近的患者,能否认识到这些问题,决定了年轻医生之间的差距。

——不要吝啬时间和精力,要耐心地把自己的想法传达清楚、到位,我认为这的确非常重要。但是,作为经营者,我真的太忙了。我想其他经营者可能也一样,实在抽不出时间,这是事实。怎么办好呢?

还是得想办法进行沟通交流,得投入时间。这是最理想的。

不过,从现实来看很难做到,这一点我也理解。

但是,如果就这样囿于现状,现在的一切就不会发生改变。虽然理想主义会受到抨击,但是,正因为不现实才是理想,已经实现了的就不是理想了。所以,如果你认为应该多花点时间、精力去指导员工、去跟他们沟通,如果你有这样的理想,那么只能以此为目标付出努力,哪怕只能改进一点也好。

什么事情都不可能一蹴而就,就好像不架起梯子就不可能登上二楼。重要的是,不能一上来就想着"办不到",什么都没做就放弃了。

第三部分　关于领导力的对话

很多人会说"您说的我都明白,但是……",用英语来说就是"Yes,but…"。要知道,说出"明白了,但是"这句话就说明你已经决定了"不做"。这一点毫无疑问,绝非意味着你还在犹豫。

在心理咨询中,我也会对咨询者进行不说"但是"的训练。只要对方说"但是",我就会问他"今天是第几次说'但是'了",同时告诉他说"但是"意味着什么。这样一来,对方就会渐渐地不再说"但是"了。只要自己有了意识,行为就会发生改变。

在阿德勒看来,说"但是"的人或多或少都有点自卑情结。在自卑情结的支配下,他们在日常生活中奉行这样的逻辑:"因为A,所以办不到B",或者"因为不是A,所以做不到B"。

因为没有时间,所以抽不出空来和员工交流。这一点可以理解。当然,解决问题也不是一日之功。但是领导者必须做出努力,一点一点地去改变现状。

比如,仔细向员工解释安排培训活动的目的到底是什么。要说清楚,培训活动绝不是强求、强迫大家去做的。也许有人会觉得这很麻烦,但是,归根结底,培训是为了员工

第37讲 如何传达自己的想法

的进步,也是为了营造一个更好的工作环境。要把这些话讲给员工听。

——但还是时间的问题,抽不出时间来啊。

那么就和员工商量应该怎么办。因为大家都了解没有时间这个事实,所以只能是领导者和员工一起思考如何改变现状。要相信,员工一定能提出领导者想不到的解决方案。

——原来是这样。

是这样的。领导者不要试图去解决所有问题。在亲子关系中也是如此。曾经有人问我:"孩子出现不当的言行时,应该怎么办呢?"我的回答是:"那只能去和孩子商量。"大家听了感到很诧异:"和孩子商量能行吗?"

不和孩子商量又能和谁商量呢?和我商量其实没有意义。你对我说:"我家小孩好像偷拿了东西,他为什么要这样做呢?"我也回答不上来。你可以问问孩子:"爸爸妈妈也不知道怎么办才好,你觉得怎么办好呢?"

最重要的是相互交流,能够齐心协力地解决问题。即使问题暂时没能解决,形成了这样团结协作的氛围,职场环境也会逐渐发生变化。

——我可不可以对员工说:"我参加了岸见老师的讲座,并且学到了阿德勒的理论,我是真心实意想做些事,想解决问题。"我这样和员工坦白沟通可以吗?

"Courage to be imperfect",这是阿德勒提出的"不完美的勇气"。虽说你参加了讲座,也不可能立刻改变一切。我想,明天你到公司之后,可以对员工这样说:"我参加了这个讲座,觉得很多地方应该改善。我今后会把学到的东西用起来,慢慢改变和大家的沟通方式,请多多关照。"我想他们也许会发现你的改变,然后你可以循序渐进,慢慢改善彼此的关系。

领导者需要拥有不完美的勇气。对于能够坦率承认自己不完美的领导者,下属是愿意信任的。

我的公司里有50名员工。大概从四五年前开始,每逢有员工过生日,我就会亲手给他们写一封祝贺赠言。收到之后,男性员工一般不说什么,女性员工会告诉我她们

第37讲 如何传达自己的想法

的感想。有的员工还因此和我建立了很好的关系。但是在今年的年会上,我听一位员工说:"我读了老板的赠言,很不高兴。老板根本没有关注过我,根本不了解我。"确实,我并没有和50个人都近距离接触过,我是根据他们的直属上司的评价写的赠言,也就是说我确实不了解他们。另外,写赠言是单向发送信息,不是对话,这也是有局限性的。还有,我想当然地认为大家收到我的赠言会很高兴。这种自以为是也应该予以反思。您怎么看呢?

我想你可以直接询问员工:"我是这样做的,你们是什么感觉,怎么想的?"作为领导者,你还是需要问清楚员工的真实想法。

——好的,明白。其实,我给员工写赠言并不是单纯地夸奖,我会引用他们直属上司的评价,写出很具体的依据。有时候,我写一篇赠言要花费将近一小时。想来,有这个时间还不如和他们聊一小时。我原以为他们收到生日赠言会更高兴。

第三部分　关于领导力的对话

这也要看具体是什么内容。重要的是对方对此到底怎么想、怎么看。有的人不喜欢被夸奖，有的人觉得自己并没有做到那么好，受到的夸奖言过其实，也会感到心里不舒服。

——确实，那位感到不高兴的员工经常出错，为了给他写赠言，我还绞尽脑汁地去找他的优点。

这种时候，你直言不讳地说出真实情况，对方可能更高兴。

以前，我曾给体育教练们做演讲。我讲了一件自己上高中时的事情。

高中三年，我每周六都有柔道课。

我属于不喜欢运动的那类学生，经常想，如果学校没有体育课和运动会，那该有多幸福啊。对我来说，那个柔道课很难熬。

柔道老师在教授新招数的时候，总是叫我来演示，因为我体格最小。大家知道隅返吗？柔道老师的水平是柔道八段，他给我讲解了大外刈的隅返，然后对我说："接下来我出大外刈，你按我刚才教给你的去做。"这种招数教一遍是不可能完全掌握的。我很笨拙地使出隅返，而老师则展示了

第37讲 如何传达自己的想法

一个漂亮的倒地,然后夸我"很棒"。

当然,老师并不是真的被我摔倒,他只是通过夸张的倒地告诉大家我的招数使得很好。但是,我感到非常难为情,虽被夸奖却完全高兴不起来。

第二年的柔道老师是毕业于天理大学的年轻教师。他会毫不客气地把我摔倒在地,但是我反而感到很高兴。

被当众夸奖的人也是很有负担的。有一次,我在课上指出了老师写在黑板上的拼写错误,老师郑重其事地说:"多谢岸见同学帮老师指出了错误。"其实于我而言,是不想听到老师这样说的。

领导者在夸奖员工的时候,可能也会有人产生类似的不自在的心情。当然,也有人不这样认为,他们会感到很开心。

——虽然我只是偶尔听到一名员工说"读完赠言很不高兴",但是就会担心是不是别的员工也这样想。

这名员工能坦率地说出自己的想法很难得,这是一件好事。当然,话说得可能有些刺耳,令人感到不愉快。但是这比没人说出来要好。我想,你也要让大家知道,你希望他们

第三部分　关于领导力的对话

坦率地说出自己的感想。

——是这样的。能找到这样的机会吗？

我住院的时候，有一位刚刚入职的年轻男护士，他会给每一位自己护理的患者写信。我也收到过他的信。信长得令人吃惊，估计怎么也得写一小时。我希望他不只是第一年这样做，能够坚持下去就太好了。刚开始有这样的热情，但是以后逐渐忙起来很可能就做不到了。

这位护士给我写信，我非常开心。因此，我认为员工收到你的赠言，绝不可能都不高兴。

写信的时候，要一边想着收信人一边写。这一点很重要，收信人也会很开心的。我想，只要能把这份心意传达出去就可以了。另外，这类投入可以不去过多考虑成本、效率等问题。如果有必要，也可以设定一个时间。在规定的时间范围内进行对话，这也是一个可以考虑的交流模式。因为每个人的感受都不一样，所以没有反馈的话还是有问题的。

——随着公司员工的增加，我和每一位员工的关系就会逐渐疏远、松散。我一个人的能力十分有限。所以我认为，

第 37 讲 如何传达自己的想法

作为公司老板,我的责任应该是培养和我一样为员工着想的管理者。

确实,随着公司规模的扩大,人与人之间的关系必然会疏远、松散。

我也经常去国外做演讲。在韩国,听众曾达到 3000 人,在中国达到 5000 人。这种时候,就会有很多听众只能通过大屏幕看到我的脸。

在这种情况下,我就不能对着全场听众说"大家"如何如何,而应该想到,自己是在和每一位听众说话。用这样的态度进行演讲,听众就会觉得:"今天,老师是在和我讲话。"这非常重要。虽然演讲是面向所有人做的,但是如果演讲者能够想到,自己不是在和"大家"讲话,而是在和"每一个人"讲话,听众的感受就会不一样。否则,听众就会觉得,演讲者并没有在和自己交流,也就不会认真听了。

还要注意一点,就是说话声音不要太大。说话人声音太洪亮,听众丝毫不必费力气的话,就会处于一种过于放松的状态,反而不能集中精力去听。如果说话人的声音稍微有些听不清,或者吐字不太清晰,声音有点低、有点小,听众就会集中注意力,身体前倾认真聆听,效果会更好。

美国有一位催眠治疗师,名叫米尔顿·艾瑞克森。他因为身患小儿麻痹症的后遗症,说话不是很清楚。所以他登台演讲的时候会说:"请允许我在胸前戴上麦克风。"根据他的讲座记录可知,因为他本人吐字不清,所以演讲都会配有字幕。

正因为如此,听众都会努力去听。因为他是催眠治疗师,所以人们在听讲过程中就可能陷入恍惚状态。他的这种说话方式是很重要的。另外,不说"大家"这个词是很重要的。

关于艾瑞克森的故事,我再讲一个。他曾说:"坐在后面的听众,往往是听不清我说话的人。"其实,如果有不尽如人意的地方,就应该想办法努力改善。然而人们的做法经常是说着"听不到、听不清",然后坐到后面去了。这也是我们在人生中经常采取的态度。

在进行公众演讲的时候,虽然是在面向所有人讲话,但是需要找到这样两类听众。第一类听众是对自己的讲话没有好感的人,他可能只是斜着身子在听。那么这次演讲的目标就是努力让这类听众点头,获得他的赞同。

第 37 讲　如何传达自己的想法

如果只看着这类听众,演讲者会信心受挫、失去勇气。因此我们需要找到另一类听众。这类听众是对自己抱有好感,无论说什么都笑着点头的听众。当你看向他时,就会感到踏实。

找到这两类听众,对着他们讲话,你的演讲就不会是面向所有人的泛泛而谈。这件事很重要。

说到公司的问题,即使规模越来越大,也一定有可能找到合适的沟通交流的方法。请大家多思考多尝试。

第38讲 关于批评、赞扬和教养

经常在书上看到或者听到这样的观点：要区分"生气"和"斥责"这两个概念，只要做到避免生气发脾气就可以。这种说法正确吗？另外，应该怎么看待教养的问题呢？我认为社会人也应该重视提升教养。实际上，有些员工连遵守约定的时间这种最基本的事情都做不到。对于这样的员工，应该怎样进行指导呢？

我认为这种说法不正确。生气和斥责原本也很难区分。或许有人会说："我没有生气，我只是在斥责。"但是人并没有这么大本事，能把这两种情绪截然分开。一般来说，在斥责别人的时候，内心肯定会伴随着生气的情感。所以，斥责和生气没有什么区别，重要的是学会其他

第38讲 关于批评、赞扬和教养

解决问题的方法。

最近,"职权骚扰"这个词出现得越来越频繁,像过去那种毫不留情地训斥别人的人也少了。但是,认为教育离不开斥责的人还是很多。

我认为,即使是为了教育,为了提升教养,也没有必要生气或斥责。如果真的有必须提醒对方改正的事情,那么应该通过语言沟通,而且不能指望立竿见影,必须花时间、花精力去沟通。如果情况紧急,就提出明确要求。总之,用语言去沟通,完全不需要情绪化。

可能有人会说"忍不住就发火了",阿德勒不认可这种说法。你可能还想解释说:"自己平时为人温和厚道,绝不会头脑一热就感情用事。"可是情况并非如此。

人类拥有能够瞬间判断自己所处状况的能力。举例来说,你穿着自己唯一一件高档服装,在咖啡店被服务员洒上了咖啡,你在那一刻怒上心头,大声斥责服务员。实际上,这一行为是基于以下判断:"这时我发火会对自己比较有利,为了让对方道歉,我应该发脾气。"因此你产生了生气的情绪。

但是,如果你以这样的生气情绪去斥责下属,那么只会引起下属的抵触。因为下属明白自己所做事情的对错,他会

第三部分　关于领导力的对话

觉得你根本不必使用这种说话方式。本来是打算纠正下属的行为，却使自己和下属的关系变得紧张起来。这样下去，下属会逐渐不再听取你的意见。阿德勒心理学认为，在进行教育的场合，完全没有必要使用斥责的手段。

下面我讲一个具体案例。

大约十年前，有一次，我乘坐的公交车中响起了刺耳的手机铃声。手机的主人是位女大学生，可能是有紧急的事情，她接起电话与对方交谈起来。于是，坐在她面前的一名四十多岁的男士猛然回头瞪着她，大声说道："你不知道在公交车中不能打电话吗？"

如果真的认为有必要纠正对方的行为，只需要用语言解释一下："你可能不知道，在公交车中是不允许打电话的。"完全没有必要在情绪上进行渲染。

还有一件事。有一次，我乘坐公交车去演讲，我的座位是特快公交车的指定座席。在同一车厢中，有位乘客不断地更换座位。我正觉得可疑，刚好乘务员也走了过来。

乘务员是位年轻的男士，他迅速发现了那名乘客的异常举动，对他说道："我是特急日本海号的乘务长。这个车厢是指定座席，所有乘客都购买了座席票，但是您并没有购

第 38 讲 关于批评、赞扬和教养

买，请下车。"仅此而已。

那名乘客好像喝了酒，推推搡搡争执了一会儿，最终还是垂头丧气地在高岗站下车了。看到此情此景，一群女大学生不由得为乘务员喝彩"太帅了"。这种坚定凛然的应对方式的确很帅。没有必要斥责，也没有必要动怒，只需要用语言表达即可。

在抚养和教育孩子的时候，我们也要记住，愤怒的情绪是完全没有必要的。在职场中，只要领导者没有怒气，就不必担心是否有职权骚扰的嫌疑。在这点上必须下定决心。你可能听说过虐待儿童的案例，会觉得这样的父母很过分。我们要认识到，斥责孩子和虐待孩子是一样糟糕的行为。

在职场中，即使下属情绪失控，如果领导者能够不退却，耐心地沟通，这种应对方式也会为其他人树立榜样，起到示范作用。具体来说，就是不使用命令型语气沟通。"你去做……"这种表达方式肯定要避免，另外，"请把……做一下"的说法也不好。这种说法让对方很难拒绝，可能会引起抵触情绪。

如果想请别人帮忙复印材料，应该这样表述："想拜托你一下，能不能帮我复印一下材料呢。"另外，"你能帮我……的话，就帮我大忙了"，或者"如果你能帮我……，我就太开心了"这类说法也不错。这样的表述方式给对方留有拒绝的余地，虽然个别情况下，对方会因为确实难以做到而回绝，但是大部分时候都是会答应的。要记住，需要帮助的时候，拜托别人就可以了。

关西学院大学美式橄榄球队曾经有一届领队是一位心理学专业的老师，其实他对美式橄榄球一窍不通。

他所做的事情只是对选手的表现进行反馈。

"干得漂亮！"

仅此而已。就这样带队三年以后，这支橄榄球队竟然在"Rice Bowl"中获胜，成为日本排名第一的队伍。

"干得漂亮"，这不是夸奖的话，而是对选手本身表现的认可。当然，他是否真能看出球技好坏暂且不论，球员们听到"干得漂亮"这句评价一定是大受鼓舞的。

接着这个话题，我再多说一句。人们总是会关注做得不好的地方。缺陷总是比较显眼，看到了就想说"不好"。因此，指出缺点错误，说出什么地方"不行"，是轻而易举的事情，就好像顺着斜坡向下滚动石头一样。

我们需要做到的，是关注年轻人行为中合理的、积极的方面，不夹杂任何个人情感，仅就行为本身给出评价："干得漂亮",这应该也是一个不错的方法。当然,"干得漂亮"这句评价不能带有其他企图或暗示,比如"我都这样鼓励你了,你还不努力吗?"

——也就是说,领导者在这其中没什么可具体操控的了?

是的,确实没有。上场踢球的是选手而不是领队。领导者本来就不是直接处理具体事务的。所以会有很多人说:"还是喜欢在一线工作啊。"

在学校也是一样。虽然也有不少人愿意担任管理职务,但是我的妻子完全没有这种意愿和意识,她觉得带班教书更开心。如果担任管理职务,就不能在一线教书了。

领导者就是这样的立场。要接受自己不能作为的事实确实非常困难,因此会不由自主地进行干涉、操控。但是作为领导者要谨记,认识到自己其实无能为力非常必要。

——因为我本人是不希望被任何人操控的,所以我也尽量不去干涉、影响别人。但是有时候,对方有需求,会寻求我的认可。

对于寻求肯定、认可的员工,我建议大家,把他想要寻求肯定、认可的原因告诉他:"你之所以想要获得夸奖、获得认可,是因为你认为领导者高高在上,你的地位要低得多。你的潜意识里希望我承认你是我的手下,是我的随从,所以才想要得到我的肯定和认可。但是,我不想把你当作我的手下或随从,所以我不夸奖你。"把这些话告诉对方就好。

——这个说法真是特别好!

领导者不可以把下属当作随从。虽然各自的角色不同,但都是同一个工作团队中的一员,因此领导者不能把下属培养发展成自己的随从。这样做最大的弊端就是会滋生竞争关系。

阿德勒心理学认为,竞争是损害人们精神健康的最大因素。因此,无论公司还是其他机构、集体,如果没有竞争,其生存环境都会非常轻松。

但是,在依靠奖惩进行教育的环境中长大的人,进入公司之后还是希望得到领导者的认可,并会为此和其他同事展开激烈的竞争。然而,有赢就有输。即使在竞争中胜出的人也不可能放松下来,因为不知道什么时候就会输。

最终,这种竞争的输赢,从组织整体上看胜负相抵,并

第38讲 关于批评、赞扬和教养

无获益。因此这是不行的,不能竞争,必须合作。这也是我主张不能夸奖下属的一个理论依据。

进一步说,团队中有人工作能力较弱也没有什么。所有人的工作水平不可能都一样,这也是无可奈何的事情。要求年轻员工达到老员工的水平也是不可能的。因此,领导者必须认识到这一点,要有这样的觉悟:这个公司就是有各种各样的员工,有的员工就是能力不强,但是所有人都能鼎力合作,共同完成力所能及的事情。

从这个话题稍微延展开来,现代社会正在变成一个更注重生产效率的社会,所以公司必须提高生产效率。

但是,当我们全面地观察整个社会,会发现有些个体从生产效率的角度来看是不可能产生价值的。即使是身体健康的人们,也会有年老体弱的那一天。就连年轻人也可能会突然患病,失去劳动能力。曾经以为明天的到来是最正常不过的事情,当危机来临才意识到也许再也见不到明天的太阳了。这种绝望的状况每个人都可能遭遇。难道说,从生产效率的角度来看失去价值的人们,就没有资格在这个世界上生存吗?当然不是。

我曾经在一家诊所做兼职,从事日间护理工作。每天会

第三部分　关于领导力的对话

有大约六十位精神分裂症患者来到诊所,我们在这里一起做饭。每天早上,我宣布菜单"今天做咖喱饭",然后邀请大家一起去采购。但是六十人中只有五人左右会和我一起出门采购。

于是,诊所的工作人员和那五名患者分头行动,买上食材,回到诊所。接着一起做饭。即使邀请大家都来帮忙,响应者也只有十五人左右。一直忙到中午,咖喱饭终于做好了。这时候邀请大家"一起吃咖喱饭啦",所有人都从诊所的各个角落聚集过来,一起享用咖喱饭。

即便如此,谁也不会责怪当天没有帮忙的人。"今天身体状况好就帮帮忙,如果明天感觉不太舒服,就不能帮忙了,请原谅。"所有人都能理解这一点,都有这样的默契。我认为这就是一个健全社会的缩影。

公司也应该是这样的,在公司里,因为经验和知识的差距,有的人能力强,有的人能力弱一点。这样也许会自然而然地形成甚至助长竞争关系。但是,即使从生产效率来看目前处于劣势的年轻职员,也迟早会大有作为。

目前能力尚且不足的人也能感受到自己在公司拥有一席之地,这是很重要的。这也是阿德勒心理学提到的共同体感

第38讲 关于批评、赞扬和教养

觉的一种。自己在公司有立足之地，自己可以待在这里，我认为这种感觉是人的基本需求。

在竞争激烈的公司，能力较弱的人不用别人说也明白自己能力不够。如果再因此受到领导者的责备，就会觉得公司里已经没有自己的立足之地，只能离开了。因此我认为，员工流动率大的公司、机构，其领导者一定是有问题的。

我以前就职的地方是一家小诊所，一年之内，全部员工更替一新。大家都觉得在这里待不下去，纷纷辞职离开了。

领导者必须给予员工"存在认可"，这和能不能干好工作无关，员工作为公司一员这件事本身应是有价值的，对此领导者应是认可的，进而去关注员工的潜在可能性。要相信，虽然年轻人现在做不了什么，但是不久以后，就能成长进步、有所作为。这种信任是很重要的。

当今这个时代确实生存不易。我的儿子从事研究工作，前不久因参加研讨会回到了老家，顺便来家里看了看。据他说，每年必须参加研讨会并进行发表，必须撰写论文，压力非常大。如果不这样做，就找不到工作，即使找到工作，如果没有业绩，也会立即被辞退。

在我还是学生的那个年代，有位教授三十年间一篇论文

第三部分　关于领导力的对话

也没有发表过。这在今天恐怕是不可能的。有位名叫岗洁的数学家，曾是奈良女子大学的教授，他看上去似乎什么工作都不做，受聘来到北海道大学之后，同事们暗中观察他的工作状态，发现他从来不坐在桌子前埋头钻研，而是天天躺在沙发上。仿佛到下班回家之前，他的脑海中才终于闪现数学灵感。

那么，在他无所事事发呆的时间里，他真的没有在工作吗？并非如此。在过去的那个年代，没有立即做出业绩的人也是可以生存的。我觉得这样挺好。

但是现在，员工拿不出成果立即会被公司扫地出门，真是咄咄逼人的时代。我想，造成这一局面的罪魁祸首，就是因评价而产生的竞争关系。

第39讲 关于不斥责、被轻视，以及他人评价等问题

我在一家大型企业担任管理职务。我感觉晋升到高层管理岗位的人士都是说话强硬，或者具有强势领导力的人。另外，在公司里，采取斥责等比较有力度的沟通交流方式的人似乎更受认可。我自己读过岸见老师的书后，决定在工作中既不斥责也不夸奖他人。但是在工作中付诸实践后发现，不批评的话会遭到下属的轻视，还被领导者认为自己看起来靠不住。

在职场中，既不需要强势的领导者，也不需要领袖气质。我认为，能够做到支持下属不依赖上司自主工作的领导者是最理想的。让员工意识不到领导者的存在，可以按照自己的想

第三部分　关于领导力的对话

法工作，要形成这样的职场氛围。而要达到这个目的，并不需要强势的领导者。

领导者要下定决心，不管之前的人是怎么做的，自己就是要打破这样的做法，被轻视又能怎样，这恐怕是需要勇气的。

当下属征求意见的时候，如果他的想法有问题，领导者就要告诉他"错了"，并且给他仔细分析、论证清楚，这是很重要的。在这里，领导者的存在感是没有必要的。

——如果能做到逻辑清楚，通过讨论自然能够解决问题、得出结论。但是如果对方在逻辑上更胜一筹，应该怎么办呢？

对方在逻辑上更胜一筹也没有关系。明白对方比自己有优势，正说明自己是智慧的。所以，如果认为对方说得对，就要有勇气坦率承认。重要的是不能先下结论。无论交流什么样的问题，如果心里早已有了结论，之后只是为了佐证这个结论而罗列理由，这个结论是不可能被推翻的。

所以，结论不是由谁来决定得出的，而是由承担不同角色的领导者和下属合作协商得出的。在这个过程中，有人擅

第39讲 关于不斥责、被轻视,以及他人评价等问题

长讨论,有人不擅长;有人条理清晰,有人不那么清晰。这是每个人的个性使然,各自使用自己习惯的、擅长的方式进行沟通就可以。

领导者只需要注意一点:在沟通交流中,要去关注说了"什么",而不是"谁"在说。如果年轻人说的话有道理,就要虚心接受。重要的是对公司的运营是否有利,而不是谁赢谁输的问题。自己输了也好,受到轻视也好,都无所谓。领导者要扔掉自己的面子,为了公司而工作。

——像这样不夸奖也不批评,几乎没有什么存在感,可能也很难获得晋升。长远来看,以这种方式发挥领导作用的管理人员,最终能够得到认可吗?

领导者并不是引路者,所以领导者也不是站在最前面勇当先锋的人。我认为,一定会有人认可这样的领导者。

不能晋升也没关系。人们工作是为了生存下去,而不是为了工作才活着。就好像不呼吸就不能维持生命,但是我们的生命并不是以呼吸为目的的。那么我们是为了什么而工作呢?答案是为了幸福地活着。我认为我们绝不能忘记这一点。

第三部分　关于领导力的对话

　　领导者当然需要在工作上有能力，同时，也应该成为生活的榜样。虽然不是强势的领导者，也没有领导魅力，但是如果下属觉得"和这位领导者一起工作很愉快"，也会想要追随这样的人。我想，年轻人会被这样的领导者吸引，他们绝不会尊敬趾高气扬、傲慢无礼或者自私自利的人。

关于我们自己的干劲

在没有干劲的时候再遇到困难的话,就会想彻底放弃一切。另外,我还有个毛病,没有情绪的话,就会拖延问题,不到最后关头就不采取行动。这样一来就浪费了宝贵的时间,拿不出结果来。

干劲不是等来的。

不客气地说,"没有干劲"只是不想挑战问题的借口而已。

举例来说,当工作临近截止日期的时候,不管愿意不愿意都得着手处理了。而假如工作马上就到最后期限,但是仍然不想去做,就说明心里已经决定不做这项工作了。假如最后期限是在三天后,而你已经决定在最后期限的前两天着手工作,那么距离最后期限还有三天的今天就完全可以不考虑工作的事。一边想着必须工作，一边又责备不工作的自己，这更加不好。

另外，说到浪费时间。就像刚刚提到的数学家冈洁老师，虽然看起来什么都没有做，但也并没有浪费时间。不知道大家有没有这样的经历，比如在清晨刚刚睁开眼睛的时候，或者在深夜，又或者在散步的途中，大脑中会忽然间涌现很多灵感。在别人看来好像是无所事事，其实不然。这样的时间也是很重要的。从这个意义上讲，这并不是浪费时间。

以我个人为例，我为杂志撰写连载文章都是在临近截稿日期时才动笔。但是在两次连载之间的一个月时间内，我会随时把想到的东西记下来，积累很多内容。我会在智能手机的速记 App 上不断地添加笔记，还做了标签。在截稿日期前的两三天，我就把这些内容全部打印出来开始撰写稿件。因此，即使在不写稿的那些日子里，我也并非什么都没做，而是在做准备，进行积累。

虽说不努力拿出干劲来是不行的。但是，我们也要知道，即使在看起来无所事事的时间里，也并非真的无所事事。

第40讲　关于我们自己的干劲

关于拿不出成果这件事,就像我刚才一直在强调的,不能以生产效率为基准判断价值。最终能不能拿出成果需要试一试才知道,所以不要过分强调成果。过分看重成果反而会落空。

三木清说过:"成功可以用量来测算,而幸福要用质来衡量。"他还说:"成功关乎过程,而幸福则关乎存在。"

因为成功关乎过程,所以最终必须做成点什么才行。也有一种说法是,成功与进步有直接关系。

如果过分看重成功,就会觉得无所事事的时间非常痛苦。而幸福关乎存在,即使什么也不做,我们存在就是幸福。这样想来,就不必纠结于浪费时间、没有干劲这些问题,可以轻松地生活了。

第41讲 对于担任领导职务感到不安

我是家族企业的继承人,很早就被指定未来继任社长。我现在是一名董事会成员,估计成为社长之后,将面临难以想象的压力和问题。到那时,我不知道应该如何调整心态,因此感到非常不安和担心。另外,我有一个堂兄弟,他也是董事,但我不能完全信任他。

告诉自己,我和前任社长不一样,从这一点开始做起。自己就是自己,没有必要与前一任社长相同。

——父亲去世的时候,我曾经向员工表态:"我不会成为一个独裁专制型社长,也不会成为

第41讲 对于担任领导职务感到不安

一个魅力领导。"有员工因此而离开了公司。

每个人在开创属于自己的人生道路时，一定会出现反对者。有人会觉得你做得不好，有人会讨厌你。

根据《被讨厌的勇气》中的说法，如果身边有人讨厌自己，说明你在自由自在地生活。就当是为了自由享受自己的人生所付出的代价吧。

相反，如果身边的人都赞赏你、认同你的做法，那么你一定关照到每一个人，所以没有人讨厌你。但是我能凭此推断，这是一种非常不自由的生活方式。这样说来，有人反对也是一件好事。

管理家族企业很不容易，特别是"世袭"，这是个很麻烦的问题。古罗马皇帝马可·奥勒留是五贤帝中的最后一位。他既是罗马皇帝，也是一位哲学家，这是罕见的。他是一位公认的贤明君主，一生中只犯过一次错误，就是把皇位传给自己的儿子。

这个话题说起来比较复杂，简而言之，皇帝的见识和能力并不会完全传给他的孩子。马可·奥勒留的儿子是个庸君，所以没能出现六贤帝。

第三部分　关于领导力的对话

我认识一位家族企业的第三代社长。他说："因为我是第三代继承者，所以不招员工喜欢。"事实并非如此，员工并不是因为他是第三代社长才不喜欢他，而是不喜欢他这个人。当然，不可否认，他的处境确实不容易。

因此，要忘记自己进入的是家族企业，就当自己进入了一家完全不熟悉的、没有任何关系的企业，从而得到了现在的职位，并需要继续努力学习。总之，要下定决心，凭着自己身为社长的才干和能力，去获取他人的认可和赞赏。

——其实我想好了，如果不具备担任社长的能力就退位让贤。毕竟公司的生存发展是第一要务，我也是抱着这样的想法在工作。我的儿子现在上高二，我对他说："这是你自己的人生，可以做你想做的事情，不继承公司也没关系。我只希望你记住还有这样一种选择。"这样的做法是正确的吗？

我认为，应该把你的考虑，也就是"公司的生存发展是第一要务"这个想法向大家表达出来。向员工说明："作为社长，如果我的能力有所欠缺，我一定会努力去提高、改善，希望大家能够坦率地指点我。"

对于孩子，恐怕也只能这样说了。其实，让他离开家去

第41讲 对于担任领导职务感到不安

闯荡一下也不失为一种办法。

我高中时有一位朋友,他虽然是医院的继承人,考大学时却没有选择医学专业。然而大学毕业后,却重新进入医学院学习,最后成为一名医生。从结果上看,经历过"外面的世界",再回来继承父母的事业,对于他是非常有意义的。他现在成为一名非常有热情、有干劲的医生,如果有患者需要上门诊治,就算半夜他也会骑车前往。

告诉孩子有这样一种选择,并可以由他自行决定,这非常有意义。此后的人生如何度过,是孩子们自己的课题,不是家长能决定的。

——孩子上小学的时候,有一次在七夕节许愿笺上写道:"想和爸爸一起工作。"但是现在,他说想要自己创业。创业也好,最后继承家业也好,就我本人来说,并不是为了让儿子继承才坚持经营公司,而是单纯地想守护这个传承至今的家业。

一般来说,老师的孩子不会再当老师,这也说明教师的工作确实非常繁重。我的妻子是小学老师,在职时经常忙到晚上九、十点钟。她提前退休之后,过得非常快乐,当初在任期间看上去真是非常辛苦。看着家长这个样子，孩子是不会想当老师的。所以，子承父业是强迫不来的，强迫起来会很难办。

回到刚才的问题，你首先要承认自己不完美，有正视自己不完美的勇气。如果有必要，就把自己的不安和担忧向别人倾诉。

——是对公司的人倾诉吗？

如果公司里有人可以倾诉很好。领导者其实是非常孤独的，不想孤立无援就要找到能够倾诉孤独的对象。听起来可能不可思议，你的倾诉对象也许是年轻职员。总之，拥有可以吐露心声的朋友非常重要。

我做心理咨询时很少遇到男性。也许男士们会想"为什么要对你诉苦呢？"实际上，他们一直在忍耐。他们就这样一忍再忍，终有一天无法再去公司上班，被诊断出抑郁症。如果能早一点找个人聊一聊，商量一下，也许就不至于发展到抑郁症。这样的案例数不胜数。有些话他们对妻子说不出口，对合作伙伴也说不出口，所以还是需要一个可以诉苦的人。

儿子或许也是个很好的倾诉对象。我的儿子今年三十三岁，我在育儿书籍里写了很多他上幼儿园时期的事情。前

第41讲 对于担任领导职务感到不安

天,他回家来,我们一直聊到深夜。我们是可以对等交谈的。他从小和我说话就毫无隐瞒,对我所做的事情也会认真评判,发表意见。大家也可以和儿子建立这样的关系,能够和孩子开诚布公地谈论各种事情,他也能更深入地理解家长的工作。

——我经常出差,几乎不怎么在家,说实话,基本没有和孩子交流的机会。

这样的话,就更得抽时间和孩子交流了。当然,难免会和孩子说起当社长的不容易,同时也可以说说这个工作好在哪里。我想,您的孩子听了这些话,也会有自己的感触。

——我尽量不在家里说公司的事情。我的妻子曾经表示过她可以进入公司工作,但是我拒绝了。夫妻二人本来就在同一个家庭,再进入同一个职场,两个人就会经常处在同一个环境。夫妻就连辛苦工作的节奏都是一致的,总感觉不太情愿。所以我对妻子说,不必勉强进入公司工作。在家里,我很少向妻子抱怨诉苦,但是和儿子聊一聊好像不一样。

应该是不一样的。如果儿子觉得:"父亲从不在家里说

第三部分 关于领导力的对话

工作的事情,看样子工作是非常辛苦啊",有了这样的想法,可能就会决定不继承家业。但是,如果父亲能够跟孩子谈一谈在工作中获得的成就感,表达出"做这份工作非常幸福"的心情,那么孩子对于父母以及父母的工作就会有不同的看法。

另外,我觉得在家里也可以说一说工作上的事情。我的妻子以前是小学老师,经常和我聊她的工作,所以我也比较了解学校的工作。我完全不反感听她说职场的事情,我也不是以心理咨询师的身份在听,而是觉得,我们是一家人,在痛苦的时候能够向对方倾诉是一件令人非常欣慰的事。我现在和退休的妻子朝夕相对,完全不觉得别扭。

——我的妻子也读了老师的书,她在家里和职场都在践行"课题分离"。

这里有一点常被误解,划分问题并不是课题分离的最终目的,其最终目的是实现合作。如果不清楚课题的所属,就无法进行合作。明确每一个课题分别归属于谁,这就是课题分离。

以亲子关系为例,我前面提到:学习或者不学习,这是

第41讲 对于担任领导职务感到不安

孩子的课题，家长没有必要干涉孩子的学习。孩子从事什么工作也是他自己的课题，家长同样不需要予以指导。即便如此，也不意味着家长完全不能过问孩子的课题。

比如，学习是孩子自己的课题，如果孩子不学习，家长进行课题分离之后就可以完全不予过问。虽然我个人认为这是最好的做法，但是有的家长放心不下。这时可以使用合理的方式和孩子沟通。

"最近看你好像没怎么学习，我想和你谈谈这件事，你看可以吗？"听到这话，大部分孩子可能会说"不愿意"。那么可以继续这样说："我感觉情况可能没有你想象的那么乐观，如果有什么我可以做的，你需要的时候随时跟我说。"如果孩子还是什么回应都没有，那只能作罢。如果孩子来寻求帮助，就要尽量给予支持。

假如你认为公司的事情是自己的课题，与妻子无关，这样当然能构筑美满的夫妻关系。说实话，听别人抱怨是很辛苦的，从这一点来说，恰当地进行课题分离很重要。

但是，我刚才也说过，前来进行心理咨询的男性非常少。男人总是觉得不应该向人诉苦，会考虑到"公司的事情是自己的课题，不能让妻子担心"，这样一来，有些该说

第三部分　关于领导力的对话

出来的话也都忍住不说了，导致自己非常疲惫、辛苦。

所以，有些话不妨和妻子说一说。先让妻子知道："我不是抱怨，就是想说出来，你听一下就好。"当然，这话也不用说得那么直白，只要对方能够理解到自己的心情就可以了，这样可能谈起来更轻松。

——我曾经对妻子说，对于将要担任社长职位感到不安。结果妻子说："有什么不安的？"

如果对方回应说"有什么不安的"，那么我们确实不知道说什么好了。

听别人说话的诀窍或要点是绝不进行评判，把话听完整。必须做到这一点，否则无法交流。特别是年长者和年轻人谈话时，往往会中途打断对方的话，说"这就不用说了"，还会不由分说地进行说教。这种事只要发生过一次，对方就不再想和你说话了。

如果让对方觉得，你一定不会打断他，也不会批评他，那么大多数人都会对你敞开心扉。在亲子关系、夫妻关系中，更需要注意这一点。在倾听别人讲话的时候，不要过多插话，顶多回应一句："你是这样想的啊。"对于谈话内容不

第41讲 对于担任领导职务感到不安

要进行评论,如果想发表意见,先向对方确认:"我可以说说自己的意见吗?"

如果对方表示愿意听你的评论或意见,你可以声明一下:"这是我个人的想法。"像这样交换意见、进行交流是比较理想的。

我的一位朋友是心理咨询师,他患上了抑郁症。他是一名非常优秀的心理咨询师,因此一直不想接受别人的心理辅导。但是因为实在痛苦,最后还是选择接受心理咨询。他给心理咨询师提了一个条件:"请不要给我提任何建议,今天只要听我说话就好。"其实,有人能够听自己倾诉心事,就已经很不一样了。

另外,不只在工作方面,在其他方面都要拥有接受自己不完美的勇气。我想,你也一定愿意追随这样的领导者。如果领导者能够坦率地承认自己的不完美,大家就会愿意追随他。所以领导者要号召大家一起努力,激发起下属帮助自己的意愿:"×××扛不住,咱们捧个场吧。"为了发动大伙齐心协力打开局面,领导者主动寻求帮助效果会更好。

如果身边有人非常优秀、有能力,我们就会不由自主地进行比较。这样就会产生自卑感。

第三部分　关于领导力的对话

其实没有必要感到自卑。要把自己与他人区分开来——我是我，别人是别人。自卑感会不会是导致你现在工作不顺利的间接原因呢？也有可能你在拿自卑感当作借口，即所谓的自卑情节。还有，自卑感可能导致你无法成为一个合格的领导者。所以不要与他人比较，这一点非常重要。

人们总是会在意他人对自己的看法，一定要摆脱这种想法。来自他人的评价很可怕，之所以说可怕，是因为人们总是在寻求他人的评价，而且害怕得不到好的评价。

我在提交稿件之前，妻子在身边的话，我会请她先读一遍。假如她认可了，认为内容很有趣，我就发出稿件。人其实是很软弱的，总觉得必须获得别人的认可。要克服这一点，不被别人的评价左右，接受自己，这叫作自我接受，能做到自我接受，也许你就不会在意刚刚提到的那些问题了。

——希望获得认可和自我接受是不同的吗？

希望获得认可，就好像孩子们会央求说"夸夸我吧"。比如画了一幅很得意的画，本来自己认为不错就可以了，可是总想把它展示给别人看，希望听到别人说"画得真好"。

既不能让孩子养成这样的习惯，自己也不要变成这样。

第41讲 对于担任领导职务感到不安

自我接受不需要来自他人的认可。

——我以前读过一本哲学书,里面写了这样的内容:退休后独自隐居山林,开始做自己喜欢的陶艺,结果发现还是想得到别人的夸奖。所以我觉得,对于来自他人的认可,是不是也不应该过度排斥、否定呢?

想想看,古往今来,真正的艺术家们并不考虑自己的作品是否会得到认可,他们只是在进行自己想要的创作。凡·高和高更都是如此,他们生前没有得到任何人的认可,也从来没有放弃过绘画。

我经常提到奥地利诗人里尔克的故事。有个名叫卡普斯的年轻诗人将自己创作的诗稿寄给里尔克,想得到他的认可。年轻人还希望,运气好的话,里尔克或许还能将这些诗稿介绍给出版社,最终出版诗集。

里尔克拒绝了这个年轻人,并对他说:"请不要再做这种事了。请在夜深人静时扪心自问,写诗对于你来说,是不得不写,还是非写不可。"

问问自己,是不得不写,还是非写不可。如果答案是非写不可,是义无反顾地肯定,那么继续创作吧。人确实是软弱的，但是，如果一直抱着这样的想法，就无法做出任何改变。话说回来，我们现在探讨的问题并不是在主张不听取别人的意见，这又是另外一个问题了。

得不到别人的称赞，就觉得自己做的事情没有价值，这是奖惩式教育的弊病。在斥责声中成长起来的人，决定自己行为的出发点就是避免挨骂，而在表扬声中成长起来的人，他们行事的目的则是得到表扬。

阿德勒也说过，在人们的精神生活中，"对于认可的追求战胜一切的时候，人们的精神就会处于一种非常紧张的状态"。确实如此，如果希望他人认同自己，精神上就会感到紧张。因为想得到赞许，想让对方满意。

今天，我也很希望大家认为"这次演讲很棒"，这个想法一旦浮现，我就会感到紧张。但是，我必须摒弃这个想法，把应该讲的内容讲好。因为，努力追求认可会加重紧张感，从而严重影响我，导致我不能自由、充分地发挥。

现在大家都使用社交平台，有些人为了获得点赞，会刻意发送那些容易提高获赞率的内容。社交媒体上有些消息会得到几万个赞，我有时会怀疑内容的真实性。有些消息就算内容不是虚假的，也能够明显看出是在为了讨好网民而刻

第 41 讲 对于担任领导职务感到不安

意雕琢,这就很无聊了。即使没有人点赞也无所谓,甚至可以说,没有必要在社交媒体上发表看法,自己写日记就可以了。尽管如此,人们还是要在社交媒体上发表看法,想得到点赞。人就是这么的软弱,需要得到认可。

第42讲 没有动力的下属

我的下属中，有人干劲十足，也有人没有动力。那些有干劲的下属，我一发出指令，他们就会回应，工作效率很高，有问题也能够迅速调整。而对于那些没有动力也没什么回应的人，我真是束手无策。对于这些下属，我应该怎么办好呢？

没有动力的人，要激发出他们的动力相当困难。

因为我们不能直接给予他们动力，所以只能帮助他们自己产生动力，自己产生努力的意愿。这件事其他人几乎无能为力。

所以对于没有动力的人，我们只能等。至于等多久，要做好心理准备，时间会比较长。

我经手过一个案例，一个足不出户的年轻

第42讲 没有动力的下属

人,从上初中开始,十年间一直宅在家里不出门。父母当然很担心,孩子不仅不去上学,还自我封闭在家,这样的话,什么时候才能出去工作呢。因此,他的父母每周都来找我咨询。

我每次都会和他们强调两点:第一,不去上学、足不出户,这是孩子的课题,而不是家长的;第二,想让孩子去上学或者想激发孩子上学的动力,这些事情家长是根本办不到的。

即便如此,他们依然会来进行心理咨询。有一次,我问孩子的母亲:"您现在工作吗?"孩子母亲回答说没有工作,一直在家。和这么乖戾的儿子整日面对面想必非常辛苦。我又问:"您有什么爱好吗?"她回答说喜欢太极拳。于是,我给她提了建议:"您以后经常去打打太极拳吧。"

在之前的心理咨询过程中,儿子不断地给母亲打电话。我提议把手机关机,但是这位母亲反对说:"不行,如果我不接电话,我的儿子可能会死。"我开导她:"孩子怎么可能因为妈妈不接电话就自杀呢。"于是母亲反驳道:"万一孩子出了什么事,谁来负责?"经过几次谈话之后,孩子的母亲终于能做到在咨询过程中关掉手机了,这对她来说是一个很

第三部分　关于领导力的对话

大的进步。

后来，这位母亲开始全身心地投入练习太极拳，甚至到中国的深山里拜师修行，那里经常因信号问题而打不通电话。从那之后，她再也没来做过心理咨询。

之后来的是孩子的父亲，一个公司的社长。他总是频繁地到我这儿来，我劝他说："现在经济不景气，您是社长，每次花两个半小时来我这里，怎么行呢。"虽然没能彻底说服他，但还是有了一定的效果。有一天，他打来电话说："最近实在太忙，所以这段时间暂时不过去了。"

于是，母亲不来了，父亲也不来了。这样过了两年，有一次居然是孩子本人来做心理咨询了。我非常惊讶地问他："你今天过来，有什么想法？"这个善良纯真的孩子是这样说的："最近爸爸和妈妈都不理我了，以前他们去看精神科医生、接受心理咨询、参加拒绝上学的学生家长的聚会，为了我用尽精力、忙前忙后。但是现在，妈妈去了中国不回来，爸爸说工作太忙，每周有好几天都不回家。我不知道接下来应该如何生活下去，所以今天来找您商量一下。"

说起来像是个悖论，孩子自己行动起来，正是因为家长彻底放手了。

第42讲 没有动力的下属

我在前文谈到过信任的问题。我们什么忙也帮不上，只有相信他终究能解决自己的课题，并默默地去守护他。守护，不是放任，是在必要的时候可以随时出手相助，但是绝不强行干涉。保持这种关系，保持一定距离，默默关注。

——这么说来，想一想身边的情况，我感觉对于不少员工我可能确实管得太多了。也是因为，只要有充满干劲的优秀员工在，旁边那些没有动力的员工就不出力，就觉得可以安于现状。也就是说，我必须先改变对待他们的方式，他们才能有所改变。但是我觉得，对于这些员工，旁边的人都得小心翼翼，就好像身上长了一个肿块，不敢碰，这恐怕也不好吧。

有不少人都希望别人小心翼翼地对待自己，就好像对待身上长的肿块一样。这实际上就是我刚才提到的自卑情结的一种。周围的人不能随意地对待他们、触犯他们。

当然，并不是说这些没有动力的员工就是有"病"。他们有时看上去确实太懒散懈怠，实在忍不住想说他们几句，如果对方来一句"我这是有病"，那就什么话也没法说了。

第三部分　关于领导力的对话

这些人就是把自己放在这种位置，以非常不自然的方式在职场上寻求自己的容身之地。确实有这样的人，他们把自己作为没用的人，作为像肿块一样需要被小心翼翼对待的人，以这种极不正常的存在方式，在共同体组织中谋求一席之地。

这样的人缺乏勇气，没有足够直面课题的勇气。

那么，我们该如何帮助他们呢？首先从认可他们的存在做起。

他们做不好工作，这当然是不行的。但是至少还是来公司上班了，先对此向他们表示谢意吧。只能从这里做起，从门槛最低的小事做起。

另外，不要去推动、动员他们，做到"无为"，或者应该说是一种"无为之有为"。这是非常必要的，需要时间。但是没有办法，他们的勇气确实已经挫败到了这种程度。这既是他们自己的责任，也是社会的责任。

阿德勒说，觉得自己做出贡献时会认为自己有价值。这里所说的贡献不是通过行动实现，而是从存在本身中去探求。这一点，至少领导者和父母要知道。

让我们设想，某年轻职员有一个缺点，你认为需要改

第42讲 没有动力的下属

善。但是，就算你想帮助他，实际上什么都做不了。为什么呢？因为缺点不是具体的物品。阿德勒的说法是"非实体"。那么，应该怎么办呢？只能是"投射光芒"。所谓"光芒"，是相对"黑暗"来说的。如果把问题、缺点比喻为"黑暗"，那么只要投入"光芒"，"黑暗"自然就会消失。

刚才我说过，要关注行为中积极合理的一面。进一步说，是对于人本身的存在、生存予以关注。"即使什么也做不好"这类话没有必要说，只要告诉对方，他的存在本身就是为他人做出了贡献，这就是在"投射光芒"了。这样做，"黑暗"就会消散。

不过，从现实情况看，在公司必须做出成果，公司不可能养着一事无成的员工。但是，如果想让没有动力的员工拿出干劲来，领导者要能站在他们的立场上，回到他们最本源的角度去看问题。要知道，很多人从来没有被这样理解、对待过。

在竞争激烈的社会中，对于自认为"我根本就不行"的人，需要有人伸出援手帮助他们。我认为，这是有缘成为他们上司的领导者的任务。虽然他们作为公司职员确实能力不够，但是领导者至少可以帮助他们摆脱看不到自我价值的思

第三部分　关于领导力的对话

想困境。

——本来对团队成员抱有期待,但是他们没能做出预期的成果,这时候就会很失望,"怎么就不行呢",不由自主地就会感情用事。

对下属的期待落空,领导者会感到失望或是难以接受。就算你心有不甘,也只能去反思自己的指导是否到位。否则,那些没能回应领导者期待的下属是不可能有所成长的。

如果最初期待值过高,下属也会感到很累。所以,下属和之前相比有了进步,领导者就要给予鼓励。阿德勒所讲的自卑感,就是指理想与现实之间存在差距。领导者要降低期待。当然,并不是一味地降低期待就可以了,领导者还要帮助下属进步,逐步提高期待水平。

——不过,对公司来说,与个人能力相比,有时候似乎更重视团队合作。有这样的怪现象,有些人虽然没有做出业绩,却能受到赞赏,因为他具有团队意识,为团队的团结合作做出了贡献。

设想一下如果有两位下属,一位有能力但没有团队意

第42讲 没有动力的下属

识,另一位没有能力但是有团队意识,大家会选择哪一位。

肯定会选有能力的人,不是吗?有没有团队意识可以之后再培养,工作能力是需要优先考虑的问题。

所以我认为,肯定是选择前者。

之所以强调团队意识,是因为大家相互拆台、拖后腿的情况是很难杜绝的。团队共同努力当然非常重要,但是能真正做到"整体作战"吗?非常困难。上司和下属的关系相当于管弦乐队的指挥和演奏者的关系,指挥本人不发出任何声音,这似乎是理所当然的,但仔细想想又会觉得不可思议。那么乐队里为什么要有指挥呢?

我在学生时代加入过管弦乐队,所以深有体会。如果更换了指挥,乐队的演奏就会完全不同。即使乐队成员有所改变,演奏也不会有什么变化。但是,更换了指挥,演奏出的音乐就会完全不同。与平时的练习不同,在公演等正式演出的场合,会由专业指挥进行指挥,这时,乐队演奏的音乐会明显发生变化。明明演奏者是完全一样的,但是不同的指挥就是能够成就完全不同的音乐。

最终大家必须齐心协力、相互协调来演奏乐曲。无论领导者还是指挥,都有各自的任务分工。当演出获得好评时,

第三部分　关于领导力的对话

如果指挥认为"能够呈现如此精彩的音乐都是我的功劳"，这显然是不妥的，因为这是全体乐队成员齐心协力的结果。

如果大家都能这样想，职场氛围就会焕然一新，员工会各司其职，团结合作，创造业绩。如果员工能说出"这是我们的工作"，这就是非常理想的职场。进一步说，在这样的集体中，工作能给员工带来满足感，那么功劳的归属根本就不是问题。大家可能觉得我说得过于理想化，但事实就是如此。

——阅读有关教练技术的书时，看到里面写着，认可非常重要。

人是十分软弱的，如果得不到别人的认可，就无法认同自己的价值。获得他人恰如其分的好评会很高兴，这一点我不否定。我想强调的是，不管别人说什么，都要认识到，自己所完成的工作是有价值的。对此，阿德勒称为"自立"。

如今，有不少运动员还未能做到自立，教练的训练怎么看都是职权骚扰，却没有人加以制止，因为只有这样才能出成绩。真说不好应该为此感到庆幸还是遗憾。周围的人不能阻止，接受训练的运动员也无法拒绝。这样的运动员不能算

第 42 讲 没有动力的下属

实现了自立。

通过在比赛中出成绩来认可自己的价值，或者说，只有获得赞许或取得好成绩，才能认为自己是有价值的，正是因为有这样的想法，所以运动员心甘情愿地忍受教练的训练。因为没有自立，所以会认为不管怎样只要能拿出成果就行。

在职场上也一样。但是，是不是只要拿出成果就行了呢？并非如此。还需要考虑如何拿出成果、如何呈现成果的问题。确实，也许不出成果就得不到承认，但是，就算与结果或评价无关，你做的事情对他人也一定是有贡献的。

我与拳击选手村田谅太做过对谈。他曾反复阅读我写的书，但是依然认为："我之所以能站在拳击场上拼搏，是因为得到了很多人的支持与帮助。我是为了大家在奋战。"

我对他说："不，你说的固然没有错。但是，当你在拳击场上对战的时候，你完全不必考虑观众、赞助商以及电视观众，比赛结果也与你无关。看到你在拳击场上英勇奋战的样子，孩子们拥有了梦想，大人们获得了希望，这就是你的贡献。所以，结果如何并不重要。"后来，村田选手取得了骄人的成绩。要知道，在我们的人生中，盼望获得认可的欲望会带来巨大的负面影响。

第三部分　关于领导力的对话

今天的交流会到这里即将结束。

今天我讲的有些内容你也许还不太理解，那也没有关系。其实，有不少听众虽然认为自己"已经非常明白了"，或者觉得"这就是我一直以来在做的事情"，实际上并没有真正理解通透，那就带着"不太理解"的疑问继续自己的人生。以后如果有机会，还希望能再见。到那时候，你还可以对我说"上次听完讲座虽然想了很多，但还是没弄明白"。

人生中有许多事是找不到答案的。但我们总觉得，找不到答案就放不下，想得到认可的欲望也是这样。世间有很多问题，并不会那么干脆痛快地得出答案，就好像给自动售货机投币后就会掉出饮料。这一点我们必须知道。

今天我同大家一起探讨的问题，也都是不能简单作答的。如果各位能稍微把握住答案的大致方向，我就非常高兴了。今后，各位还需要在自己的职场上重新思考这些问题。

在每次讲座的最后，我总是会说：能见到各位是一个奇迹。如果13年前我因为心肌梗死离开这个世界，今天就见不到大家了。如果各位的人生轨迹稍有变化，今天我们也不可能在这里相聚。如果今天到场的是另外一些听众，我讲的

第 42 讲　没有动力的下属

内容又会不同。人际关系就是如此复杂奇妙，相遇绝非理所当然。

因此，今天和家人相聚，明天和同事相见，这些绝不是理所当然的事情。感谢相遇是一切的开始。如果大家都有这样的感恩之心，职场也会发生天翻地覆的变化。所以，先试着说"谢谢"吧。就算表情不太自然也没关系。"谢谢"这个词拥有强大的力量，阿德勒心理学也是拥有强大力量的心理学。

今天非常高兴见到各位，并与各位进行了具体、深入的交流。如果能对大家有所助益，我将不胜荣幸。

结　语

读罢此书，各位有什么感想呢？是不是觉得"说着容易做起来难"呢？其实，我的这些方法实施起来并没有那么困难。但是，有人会产生抵触情绪不愿意去实践，会说："虽然我心里是理解的，但是……"那就先从内心真正去理解，然后从能够做到的事情开始逐步践行吧！重要的是，向年轻人展示挑战新事物的姿态。

有一次，我在企业培训中讲解了说"谢谢"这个方式。没想到，培训结束后年长者首先就对年轻人说了"谢谢"。于是，那天去参加培训的员工都开始互相说"谢谢"了。

虽然很多职场上的改革都是由年轻人发起的，但是，如果领导者能率先践行新事物，那么职场会立即发生变化。

不过，有些人一旦成为领导者，就会马上变得保守起来，畏惧变化。这是因为他们认为沿袭旧有的方式会比较安全。

结　语

诚然，开始一件有风险的事情的确需要勇气。但是，阿德勒也说过"勇气会传染"。

阿德勒认为，会传染的不只是勇气，"胆怯也会传染"。明哲保身、只考虑自己，利用下属，甚至把责任转嫁给下属的领导者，即使佯装色厉，也是个懦夫。人成为懦夫，就像坡道上的石头滚下来一样轻而易举。

哪怕自己是想找理由逃避眼前的问题，人生也会发生改变。

不管用什么办法，下决心改变也是需要勇气的，而领导者把勇气"传染"给下属，就会成为改变职场的契机。领导者就是勇者的典范。

我在本书中也提到，领导者必须成为典范。其实，下属并不是在向领导者这个"人"学习，而是在学习他的言行。这也是领导者即教育者的本质含义。

教育的目标是"自立"。既然如此，下属就不能一直依赖领导者。也正因为如此，领导者以领袖人物或天才自居，并以此为荣也是不对的。如果真正关心的是自己领导的这个组织，而不是自己，那么领导者就应该努力培养员工，让他们随时可以接替自己的工作。

结语

　　如果领导者能够注意到这些问题，下属也不会感到自己是在被领导者指挥。重要的是，领导者要认识到，很多固有的常识已经不再适用，要从这一现实出发，打破常规，建立一个领导者隐身幕后的组织。

　　最后，本书得以付梓，皆因从连载期间就一直与我反复讨论，并精心阅读稿件的《日经领袖》的北方雅人先生和荻岛央江先生的助力。在此表示衷心感谢。

2020 年 5 月

岸见一郎